Oetinger

Die Autorin dankt der Familie Diesbrock, den Firmen ef Freihoff, Carta Pura, Käselotti, Tante Rö sowie dem Jens Büttler Verlag für die freundliche Genehmigung und Bereitstellung der Fotokulisse, Materialien und Dekorationsstücke.

MIX
Papier aus verantwortungsvollen Quellen
FSC® C103849
FSC www.fsc.org

Originalausgabe

1. Auflage 2014
© Verlag Friedrich Oetinger GmbH, Hamburg 2014
Alle Rechte vorbehalten
© Text, Layout und grafische Gestaltung: Trixi Schneefuß
© Fotos: Florian Gobetz/graphic-to-go.de
Fotos S. 9, 21, 41, 51, 57, 65, 67, 69, 114f., 117 und 121: Trixi Schneefuß
Fotos S. 105 (Pferdemotive): Kondrashov Mlkhail Evgenevichs/shutterstock.com
Federmäppchen S. 55 und 83, Hip Bag S. 111 und Stoff mit Blättermotiv S. 45: Kathrin Wessel/Käselotti (www.stoffn.de/profil/user/kaeselotti.html)
Haarspangenhalter „Rapunzel" S. 119: Tante Rö (www.tanteroe.blogspot.de)
Sonstige Bildquellen: siehe S. 128
Fotomodell S. 114f., 117 und 121: Laura Bünning
© Umschlaggestaltung: Trixi Schneefuß
Druck und Bindung: Schätzl, Donauwörth
ISBN 978-3-7891-8546-5

www.oetinger.de

Trixi Schneefuß

LAUTER LIEBLINGSSTÜCKE

Schöne Sachen selber machen

Verlag Friedrich Oetinger · Hamburg

Inhalt

Nützliche Sachen

Schmucksachen

Bevor du loslegst ...

Auf den nächsten Seiten findest du mehr als sechzig Anregungen mit Anleitungen für Schmuck und andere, ganz verschiedene Lieblingsstücke, die dein Leben verschönern und dich und andere glücklich machen. Und das Beste ist: Du musst auch kein Handarbeits- oder Bastelprofi sein, um mithalten zu können. Viele Sachen lassen sich schnell und leicht umsetzen, ganz ohne Nadel und Faden*. Und zu fast jeder Anleitung gibt es Tipps und Ideen, wie du dein Werk nach Belieben weiter ausschmücken und abwandeln kannst.

Das fängt nicht zuletzt bei der Beschaffung des Materials an: Auf den einzelnen Doppelseiten finden sich unter „Du brauchst" alle Hilfsmittel, die du wirklich benötigst. Zusätzlich bietet die „Nach Belieben"-Liste Möglichkeiten zur Dekoration oder Erweiterung deines Objekts. Du kannst natürlich auch mit den „Du brauchst"-Materialien frei umgehen, wenn du dich dafür sicher genug fühlst. Es muss zum Beispiel nicht unbedingt Acrylfarbe sein. Probiere andere Farben aus!

Wichtig ist: Lies dir immer die gesamte Anleitung durch, auch die Tipps am Ende, bevor du entscheidest, was du zusammensuchst und besorgst! Denn nur dann bekommst du eine Idee davon, welche zusätzlichen Materialien dir am besten gefallen. Und natürlich kannst du für eine Bastelarbeit auch Anregungen aus anderen Anleitungen verwenden – es gibt viele Querverweise unter den Lieblingsstücken.

Wenn du eine Bastelei zum ersten Mal anfertigst, hältst du dich am besten Schritt für Schritt an die Anleitung. Sobald du das Prinzip aber verstanden hast, kannst du nach Lust und Laune mit Größe und Materialien deiner Wahl experimentieren – der Phantasie sind keine Grenzen gesetzt. Bist du bei Arbeiten mit Papier am Anfang unsicher, mache eine Bastelprobe mit normalem Schreibpapier oder sogar Zeitungspapier. So ist das gute Bastelpapier nicht gleich im Eimer, falls etwas schiefgeht.

Nur Mut! Die Lieblingsstücke sind für dich sicherlich verschieden schwierig anzufertigen, aber mit der Zeit wirst du sie alle meistern. Als „Kreativ-Anfängerin" beginnst du einfach mit den Anleitungen, zu denen es Bastelbögen am Ende des Buchs gibt. Und dann geht es weiter ...

Viel Spaß bei der Verschönerung von Haus, Hals und Haar und auch beim Verschenken deiner Lieblingsstücke!

*Dieses Sternchen zeichnet im Inhaltsverzeichnis die Lieblingsstücke aus, bei deren Anfertigung du nähen musst.

Einige Dinge, zu denen sich ein kleiner Hinweis vorab lohnt:

Bleistift, Filzstift und Kugelschreiber:
Sie gehören an deinen Schreibtisch und werden deshalb in den Materiallisten nicht zusätzlich aufgeführt.

Zirkel, Geodreieck und Lineal:
Auch diese Hilfsmittel sollten immer an deinem Arbeitsplatz bereitliegen. Ein langes Lineal aus Metall eignet sich besonders, da du es in Kombination mit dem Cutter* verwenden kannst, um gerade Schnitte daran entlang zu machen.

Cutter, Schere und Seitenschneider:
Bestenfalls hast du sowohl die Schere als auch den Cutter in der Nähe und verwendest das, was dir in der jeweiligen Situation selbst am angenehmsten erscheint. Wenn allerdings der Cutter zwingend erforderlich ist, steht er in der Materialliste. Achtung: Der Cutter sollte nur auf einer Schneidematte• oder auf einer dicken Pappe zum Einsatz kommen. Nicht, dass dein Arbeitstisch oder der Fußboden Spuren davonträgt!
Zum Schneiden von Draht nimmst du einen Seitenschneider•, es sei denn, du hast eine alte Schere, die du für solche Arbeiten verwenden kannst.

Klebstoffe und Farbe:
Klebstoffe und Farben halten nicht gut auf fettigen und beschmutzten Flächen; reinige deine Materialien also vorher gründlich oder raue sie mit Schmirgelpapier an. Lass alle Klebstoffe und Farben immer gut trocknen, ehe du mit weiteren Arbeitsschritten beginnst. Sprühfarbe trägst du am besten in zwei bis drei dünneren Schichten auf, die du zwischen den einzelnen Sprühgängen durchtrocknen lässt – sie fängt sonst an zu tropfen. Achtung: Befolge im Umgang mit Klebstoffen und Farben, insbesondere Lackfarben•, grundsätzlich die Herstellerhinweise und halte die dort angegebenen Trockenzeiten ein.

Recycling:
Viele Dinge, aus denen du schöne, nützliche und schmückende Sachen anfertigen kannst, musst du nicht extra kaufen. Sie finden sich in fast jedem Haushalt, manchmal sogar als Restprodukte, wie zum Beispiel Toilettenpapierrollen, Glasflaschen, Schraubdeckelgläser oder Konservendosen. Um eventuell vorhandene Etiketten rückstandslos zu entfernen, weichst du sie einige Zeit in warmem Wasser ein. Hartnäckige Klebstoffreste kannst du vorsichtig mit einem Messerrücken abkratzen.

Bastelbögen:
Natürlich kannst du die Basteleien auf den Bastelbögen auch selbst entwerfen und nachzeichnen, sobald dir das Prinzip vertraut ist. Verwende dafür dickeres Papier oder dünne Pappe (ähnlich der Bastelbögen), damit dein Bastelobjekt stabil steht und lange hält.

*In den Listen oder innerhalb der Anleitungen findest du einige Werkzeuge und Materialien, die mit einem kleinen Punkt versehen sind (z.B. Ahle•).
Solltest du diese Begriffe nicht kennen, findest du hinten im Buch vor den Bastelbögen ein Glossar, das sie dir erklärt.

Klimperspiel

Dem Wind ein eigenes Instrument zu bauen, ist nicht schwer, und wahrscheinlich wirst du die Materialien dafür zu Hause zusammensammeln können. Das Wichtigste sind einige Gegenstände, die in der Luftbewegung aneinanderschlagen und dadurch Klänge erzeugen. Für ein schönes Klimpern und Klirren eignen sich Metallteile besonders gut: Schlüssel, Flaschenöffner, Besteck, Keksausstechformen, Tee-Eier, Glöckchen, Schrauben, Muttern …

Du brauchst:

- Metallkleiderbügel
- Schnur
- Klanggegenstände

Nach Belieben: Wolle, Lackfarbe*

1. Wenn du den Kleiderbügel und die Klanggegenstände farbig gestalten möchtest, male sie an oder umwickel sie mit Wolle (s. Foto).

2. Binde deinen „Klimperkram" mit Schnurstücken am Kleiderbügel fest. Entscheide selbst, ob du die Gegenstände einzeln oder in Ketten untereinander geknotet anbringst. Wichtig ist nur, dass du sie in der Höhe so platzierst, dass sie später im Wind die Möglichkeit haben, sich zu berühren – so entstehen die Klänge. Außerdem sollte das Gewicht einigermaßen gleich verteilt sein, weil der Kleiderbügel sonst schief hängt. *Als Schnur eignet sich nahezu alles, was möglichst reißfest ist, von der Bastelsehne über eine Paketschnur bis hin zu Zwirn.*

Tipp:

Verziere dein Windspiel mit zusätzlichen Deko-Elementen wie Perlen, Tannenzapfen, Plastikfiguren, Spitzendeckchen …

Statt der Metallteile kannst du auch Steine, Muscheln, geschliffene Scherben usw. als Klanggegenstände verwenden.

Vögel Bastelbogen 1

Kleine Vögel, schnell gebastelt, einzeln oder im Schwarm.
Sie passen unter die Deckenlampe, an die Zimmerpalme –
oder vielleicht doch in einen goldenen Käfig?

1. Schneide die Vögel an den schwarzen
Linien entlang aus dem Bastelbogen. Den
Schlitz für die Flügel am Rücken öffnest du
an der gestrichelten Linie mit dem Cutter.

2. Bastel nun die Flügel: Du schneidest pro
Vogel ein Stück Tonpapier in 11×21 cm zu.

3. Knicke es auf der Mitte der kurzen Seite
und öffne den Bogen wieder. Danach faltest
du das Papier von der kurzen Seite aus in
1,5 cm Abständen wie eine Ziehharmonika.
*Wenn du noch nie so eine Ziehharmonika-
Faltung gemacht hast, lies dazu Schritt 3 aus
der Bastelanleitung Flinker Fächer (S. 108). Dort
findest du auch einen Tipp, wie du die Kante
der Flügel abrunden oder spitz zuschneiden
kannst.*

4. Schiebe das gefaltete Papier bis zur Mitte in den Schlitz am Rücken des Vogels und
fächere die Flügel an beiden Seiten auf.

5. Steche mit einer Nadel oder Loch-
zange ein Loch in die Kreismarkierung am
Kopfschmuck und ziehe einen Faden zum
Aufhängen hindurch.

Tipp:

Wenn du den letzten Streifen der Faltung –
rechts und links vom Schlitz – ganz nach
oben knickst und aneinanderklebst, erhältst
du eine halbkreisförmige Flügelform (s. Foto
auf dieser Seite).

Beim Entwerfen eigener Vögel nach diesem
Prinzip musst du den richtigen Punkt zum
Aufhängen finden. Am besten stichst du an
der vermuteten Stelle ganz leicht eine Na-
delspitze durch den fertig gebastelten Vogel
und überprüfst so, ob er im gewünschten
Winkel hängt.

Du brauchst:

- Bastelbogen 1
- Tonpapier
- Cutter
- Lochzange* oder Nadel
- Faden

Traumfänger

Der Traumfänger ist ein Kultobjekt der Indianer. Über dem Bett aufgehängt sollen die schlechten Träume in seinem Netz hängen bleiben und so den Schlaf verbessern. Ursprünglich wird das Netz aus Darm- oder Sehnenfaden gesponnen. Wenn du stattdessen ein altes Spitzendeckchen verwendest, bekommt dein Traumfänger in Windeseile ein ganz tolles Netzmuster.

Du brauchst:

- Stickrahmen
- Spitzendeckchen
- Cutter
- Alleskleber

Nach Belieben: Knöpfe, Perlen, Federn, Stoffbänder und -streifen, Wolle, bunte Klebebänder

1. Spanne das Spitzendeckchen stramm in den Stickrahmen und schraube ihn fest zu. *Eventuell ziehst du mit einem Schraubendreher nach.*

2. Schneide mit dem Cutter die überstehenden Reste auf der Rückseite knapp am Rahmen entlang ab und gib rundherum Alleskleber in die Rille, um das Deckchen zu fixieren. Lasse den Kleber gut trocknen.

3. Dekoriere den Traumfänger nach deinem Geschmack. *Knöpfe und Perlen kannst du auf dem Spitzendeckchen entweder annähen oder aufkleben. Die Bänder werden einfach unten am Stickrahmen angeknotet. Ziehe ggf. Perlen darauf und klebe Federn an. Um den Rahmen an sich bunter zu gestalten, kannst du Wolle darumwickeln oder ihn mit farbigen Klebebändern verzieren.*

4. Wenn du den Traumfänger nicht direkt an einen Nagel hängen willst, befestigst du ein Band an der Schraube des Stickrahmens.

Tipp:

Papierperlen (S. 122) eignen sich zur Gestaltung deines Traumfängers besonders gut. Statt des Stickrahmens kannst du natürlich auch jeden anderen Reifen in passender Größe benutzen. Da das Spitzendeckchen dann nicht eingespannt werden kann, knotest du es rundherum mit Bändern fest.

Hängende Diamanten

Kostbare Edelsteine, günstig hergestellt und leicht genäht. Hänge sie an deine Schreibtisch-
lampe, ins Fenster oder übers Bett!

1. Nutze, je nach Geschmack, entweder
den kleinen oder den großen Diamanten auf
dieser Seite als Vorlage und übertrage die
äußere Kontur mit Transparentpapier auf
dein Tonpapier. Für einen Anhänger benötigst du diese Diamantform dreimal in einer
und viermal in einer anderen Farbe.

2. Schneide die sieben Formen aus und
lege sie in farbigem Wechsel passgenau
übereinander.

3. Markiere die Mittelachse der oberen
Diamantform und steppe mit der Nähmaschine von der stumpfen Spitze ausgehend
auf deiner Markierung. Verwende eine nicht
zu kleine Stichlänge, um beim späteren Falten das Einreißen des Papiers zu verhindern,
und lasse vor dem ersten Stich ausreichend
Garn, um den Diamanten am Ende aufhängen zu können.

4. Verknote die Garnenden oben und
unten jeweils so nah wie möglich an der
Papierform. Verbinde sie dann oben zu einer
Schlaufe und schneide sie unten kurz unterhalb des Knotens ab.

5. Falte die einzelnen Tonpapierlagen an
der Steppnaht entlang zu beiden Seiten
und fächere sie so auf, dass ein gleichmäßig
plastischer Diamant entsteht.

Tipp:

Diese Anhänger kannst du aus jeder nur
denkbaren symmetrischen Form basteln.

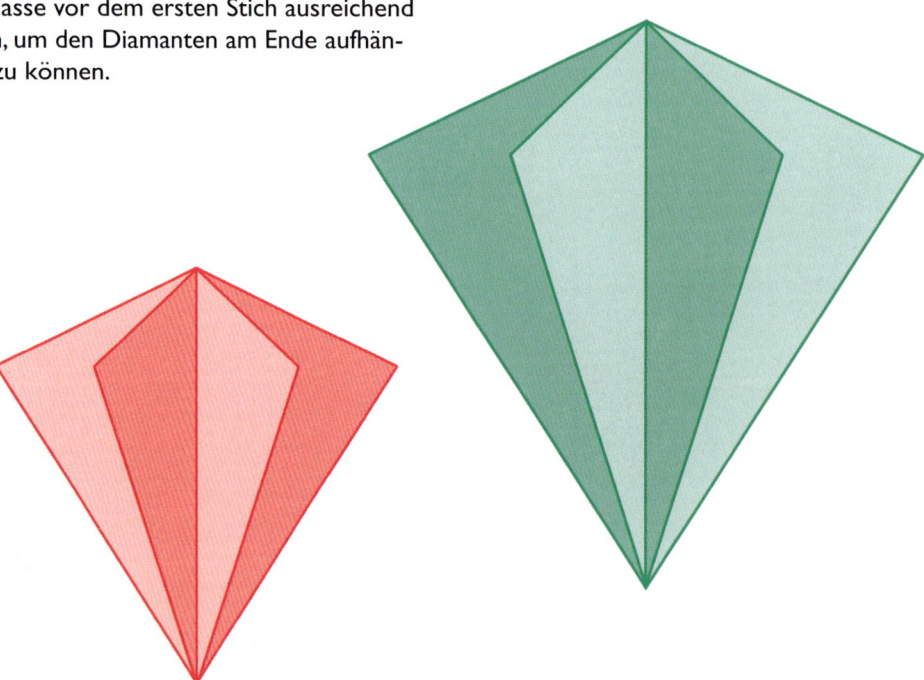

Trophäe für *Tierfreunde*

Oft schauen sie doch recht anklagend von ihrem Platz an der Wand hinab – die Jagdtrophäen in der Gaststätte oder im Vereinshaus. Wenn du auf dem Flohmarkt oder wo auch immer ein altes Gehörnbrettchen auftreibst, kannst du im Handumdrehen einen eindrucksvollen Wandschmuck mit Geweih anfertigen, gegen den Tierschützer nichts einzuwenden haben.

Du brauchst:

- Gehörnbrettchen
- Lackfarbe*
- alte Zeitung
- Kleister
- 2 Zweige
- Ahle* oder Schraubendreher
- Acrylfarbe
- Heißklebepistole*

1. Lackiere das Gehörnbrettchen, wie es dir gefällt.

2. Während das Brettchen trocknet, formst du aus geknülltem Zeitungspapier eine stabile Wild-Schädelform und beziehst sie mit kleistergetränkten Schnipseln. Lasse das Papier anschließend gut durchtrocknen.

3. Halte die beiden Geweihzweige an deinen „Zeitungsschädel" und überlege, an welcher Stelle sie sitzen sollen. Bohre dann mit der Ahle oder dem Schraubendreher vorsichtig zwei Löcher hinein, die tief genug sind, dass du später je einen Zweig dort hineinstecken kannst.

4. Male den Schädel mit Acrylfarbe an, eventuell mehrfach, und lasse ihn gut trocknen.

5. Zum Schluss musst du deine Trophäe nur noch mit Heißkleber zusammenkleben: Zuerst die beiden Zweige in die dafür vorgesehenen Löcher und anschließend den Schädel auf das Gehörnbrettchen.

Tipp:

Wenn du magst, beklebe das Gehörnbrettchen mit gemustertem Papier oder beziehe es mit Stoff.

Statt des Gehörnbrettchens kannst du auch eine schräg geschnittene Holzscheibe nehmen. Wenn du gerne werkelst, säge dir ein Brett in der gewünschten Form zurecht. Bedenke bei diesen Varianten, dass du auch einen Bildaufhänger brauchst, um deine Trophäe an die Wand hängen zu können.

Gefächerter
Wandschmuck

Dekoriere deine Zimmerwand oder hänge diese Papier-Kunstwerke an ein schönes Tuch über dein Bett. Eine runde Sache in jedem Raum!

Du brauchst:

- buntes Papier
- Garn
- Klebestift

Nach Belieben: Tortenspitze, Glanzbilder

1. Schneide ein Stück farbiges oder gemustertes Papier auf 20×45 cm zu.

2. Knicke es auf der Mitte der kurzen Seite und öffne das Papier wieder. Falte es anschließend von der kurzen Seite aus in 1,5 cm Abständen wie eine Ziehharmonika. *Wenn du noch nie eine Ziehharmonika-Faltung gemacht hast, lies dazu Schritt 3 aus der Bastelanleitung Flinker Fächer (S. 108). Dort findest du auch Tipps, wie du deine Ornament-Blume aus zwei verschiedenen Papieren gestalten und die Kante blüten- oder sternförmig zuschneiden kannst.*

3. Damit das gefaltete Papier zusammengehalten wird, wickelst du ein Stück Garn um die Mitte und knotest es fest. Die Garnenden schneidest du ab.

4. Auf beiden Seiten der Ziehharmonika klebst du den letzten Streifen rechts und links von der Garnwicklung so zusammen, dass eine Blume entsteht.

5. Zur Dekoration der Ornament-Blume kannst du nach Belieben kleinere Blumen oder Papierkreise in die Mitte kleben, eine Tortenspitze oder ein Glanzbild sehen dort auch ganz toll aus. *Um die Ornament-Blumen mit etwas Abstand von der Wand anzubringen, klebst du hinten in die Mitte ein Stück Korken oder Styropor. Wenn du sie an einem Band aufhängen willst, nimmst du bei Arbeitsschritt 3 ein längeres Stück Garn, legst die beiden Enden beim Zusammenkleben zwischen die Streifen (Schritt 4) und knotest sie zu einer Schlaufe.*

Tipp:

Wenn du diesen Wandschmuck in verschiedenen Größen basteln möchtest, schneide dein Papier immer so zu, dass eine Seite mindestens doppelt so lang ist wie die andere, sonst lässt das Ornament sich nicht zum Kreis schließen.

Natürlich kannst du die Abstände der Papier-Faltung verändern. Hauptsache, das ausgewählte Maß wird innerhalb einer Ziehharmonika beibehalten.

Blechlaterne

An ganz normalen Abenden auf dem Balkon oder bei Sommerfesten im Garten, diese Later-nen aus Konservendosen verbreiten stimmungsvolle Lichtpunkte.

1. Reinige die Konservendose gründlich und trockne sie von außen gut ab. *Um das Etikett rückstandslos zu entfernen, weichst du die Dose einige Zeit in warmem Wasser ein.*

2. Mit dem Filzstift malst du ein Muster aus Punkten auf deine Dose – als Markierungen für die Löcher. Plane auch zwei einander gegenüberliegende Löcher am oberen Rand mit ein, um die Laterne später aufhängen zu können.

3. Fülle die Dose mit Wasser und stelle sie ins Gefrierfach, bis das Wasser komplett gefroren ist. Das ist notwendig, um der Dose mehr Stabilität beim Bearbeiten zu verleihen.

4. Lege deine Eis-Dose gut fixiert hin. *Dafür eignet sich zum Beispiel ein Handtuch, das rechts und links aufgerollt wird, ein altes Kissen oder eine Mulde im Sand.*

5. Schlage mit Hammer und Ahle (oder Nagel) das Lochmuster hinein. Das Wasser taut irgendwann auf, es könnte also etwas feucht werden am Arbeitsplatz. Gehe am besten von oben nach unten vor, dann kannst du den unteren Teil der Dose bei Bedarf erneut mit Wasser füllen und es zu Eis werden lassen.

6. Zum endgültigen Auftauen stellst du die Dose kopfüber in ein Waschbecken oder in die Sonne.

7. Durch die beiden gegenüberliegenden Löcher ziehst du nun das Band zum Auf-hängen und verknotest die Enden so, dass es nicht herausrutschen kann.

8. Stelle ein Teelicht auf den Boden der Dose und zünde es an. *Sei dabei vorsichtig mit den rauen Innenkanten der Löcher!*

Achtung! Lass deine Blechlaterne mit dem brennenden Teelicht niemals unbeaufsichtigt stehen!

Tipp:

Soll deine Laterne einen richtigen Henkel haben? Befestige statt dem Band einen rundgebogenen Draht an den Löchern. Wenn du deine Laterne hinstellen möch-test, muss sie sicherheitshalber auf einer feuerfesten Unterlage stehen.

*Sei vorsichtig mit den scharfen Kanten!

Um sie zu vermeiden, benutzt du zum Öffnen einen Safety-Dosenöffner.

Du brauchst:

- leere Konservendose*
- wasserfesten Filzstift
- Ahle* oder großen Nagel
- Hammer
- Band zum Aufhängen
- Teelicht

Tier an der Tür

Liebst du Tiere und hast vielleicht sogar noch ein paar Plastikfiguren von früher in der Schublade? Mit etwas Farbe und ein paar schönen Bändern kannst du sie zu tollen Anhängern umgestalten, die dich noch viele Jahre begleiten werden.

Du brauchst:

- Spielfigur
- Ahle* oder Handbohrer*
- 2 kleine Ringschrauben*
- Lackfarbe*
- dünne Stoffbänder

1. Bohre mit der Ahle oder einem Handbohrer zwei Löcher in deine Figur: Das erste Loch bohrst du oben für den Aufhänger – denk daran, dass die Figur später einigermaßen gerade hängen soll, das heißt, du musst die Gewichtsverteilung gut ausloten. Das zweite Loch kommt unten in die Figur, um später die Schmuckbänder anbringen zu können.

2. Drehe eine kleine Ringschraube in jedes der vorgebohrten Löcher. *Alternativ kannst du zwei kleine Schlaufen aus reißfestem Draht zurechtbiegen und sie mit den Enden zuerst möglichst tief in die Löcher kleben.*

3. Male die Figur mit Lackfarbe an – einfarbig oder mehrfarbig, wie es dir am besten gefällt – und lasse sie gut trocknen. *Ob du das mit dem Pinsel oder mit der Sprühdose machst, bleibt dir überlassen.*

4. Jetzt fehlen nur noch die Stoffbänder: Durch den oberen Ring fädelst du ein Band zum Aufhängen, an dem unteren bringst du ein paar schöne Dekorationsbänder an.

Tipp:

Erweitere die Umgestaltung deiner Tierfigur mit Federn, Perlen oder anderem Schmuck.

Flaschen in
Kleidern

*Tapete, Tonpapier, Zeitschriften, Landkarten, Gold- und Silberpapiere, Geschenkpapier, Briefmarken, Glanzbilder, buntes Klebeband ...

Limonaden und Säfte gibt es in vielen verschiedenen kleinen Flaschen, die einfach zu schön zum Wegschmeißen sind. Mit wenigen Handgriffen bekleidest du sie mit einer schicken, selbst gestalteten Papier-Korsage. So werden sie zu tollen Einzelblüten-Vasen, die du aufstellen oder aufhängen kannst.

1. Reinige die jeweilige Flasche gründlich von innen und außen und trockne sie ab. *Um Etiketten rückstandslos zu entfernen, weichst du sie einige Zeit in warmem Wasser ein.*

2. Fertige eine Korsage aus Papier an (s. Foto), die auf das parallel verlaufende Unterteil der Flasche passt. *Ob du einfach ein Rechteck aus dem Papier deiner Wahl zurechtschneidest oder eine kleine Collage als Korsage bastelst, bleibt dir überlassen. Die Gestaltungsmöglichkeiten mit Briefmarken, Glanzbildern, Kalenderblättern, Notizen, Zeitschriftenschnipseln, Klebebändern usw. sind unerschöpflich.*

3. Lege die fertige Papier-Korsage auf die Flasche, umwickel das Ganze einige Male mit dem Schmuckdraht und verdrehe die beiden Enden miteinander, um die Korsage zu befestigen.

4. Wenn du die so entstandene kleine Vase hinstellen möchtest, ist sie jetzt fertig. Solltest du sie aufhängen wollen, wickelst du noch einen Draht mehrmals fest um den Flaschenhals – falls vorhanden, in einer Rille. Du verdrehst das kurze Ende so, dass der Draht gut hält, und hängst die Flasche an dem langen Ende am Ort deiner Wahl auf. *Achtung, Absturzgefahr! Natürlich sollte der Aufhänge-Draht reißfest sein, eine mit Wasser gefüllte Flaschenvase kann ganz schön schwer werden.*

5. Fülle deine Flaschenvase vorsichtig mit Wasser, am besten mit einem Trichter, damit die Korsage nicht nass wird, und stelle eine hübsche Schnittblume hinein. Zum Auswaschen der Flasche nimmst du die Korsage einfach wieder ab und bindest sie später neu an. *Rückstände von alten Blumen in der Flasche kannst du mit einer Gebissreinigungstablette ganz einfach entfernen – achte auf den Herstellerhinweis.*

Tipp:

Erweitere die Gestaltung nach Lust und Laune mit *Feinen Schmetterlingen* (S. 28), *Drahtsternen* (S. 46) oder anderem schmückenden Schnickschnack. Statt der Korsage aus Papier kannst du deine Flasche auch mit Stoffstücken bekleiden.

Schaukästchen

Fülle eine Zigarrenkiste mit lauter kleinen Objekten, Fotos oder Souvenirs vom letzten Urlaub. So kann ein Erinnerungskasten entstehen oder auch ein Fankasten über eine Band, dein Lieblingsbuch oder -film. Vielleicht baust du auch ein Märchen nach. Dein Schaukästchen wird mit Sicherheit ein spannender Hingucker!

Du brauchst:

- alte Zigarrenkiste
- 2 selbstklebende Bildaufhänger

Nach Belieben: Farbe (z.B. Acryl), Fotos, Zeitungsauschnitte, Glanzbilder, Spielfiguren, Puppenstubenzubehör, Muscheln, Steine, kleine Äste, Klebstoff

1. Entferne den Deckel der Zigarrenkiste. Sollten kleine Scharniere angebracht sein, kannst du sie vorsichtig herausziehen.

2. Male das Kästchen, wenn es nicht holzfarben bleiben soll, von innen und außen an. Wenn die Farbe getrocknet ist, beklebst du es mit kleinen Figuren, Fotos und Zeitungsausschnitten oder bestückst es mit anderen Souvenirs, ganz wie es dir gefällt.

3. Um dein Kästchen an die Wand zu hängen, klebst du auf der Rückseite oben rechts und links die Bildaufhänger an.

Tipp:

Statt der Zigarrenkiste kannst du dir auch einen Objektrahmen (tiefer Rahmen mit viel Platz für deine Szenerie hinter der Glasscheibe) besorgen. So ist dein Schaukästchen sicher vor Staub und anderen Einflüssen von außen.

Feine Schmetterlinge

Feinstrumpfhosen gehen schnell kaputt. Halb so schlimm, daraus kannst du herrliche Schmetterlinge basteln. In Blumensträußen oder -töpfen, in *Schaukästchen* (S. 26), im Zusammenspiel mit Licht (s. Foto) oder auf Geschenken machen sie sich prächtig!

Du brauchst:

- Feinstrumpfhosen oder -strümpfe
- Basteldraht, ø 0,8mm
- Tablettenröhrchen (Vitamintabletten)
- Garn
- Sekundenkleber

1. Erarbeite das erste Flügelpaar aus einem Stück Draht (ca. 50cm lang): Lege ein Ende um das Tablettenröhrchen herum und drehe es so um den restlichen Draht, dass eine Schlaufe entsteht. Ziehe sie vom Röhrchen und schneide das kurze Ende ab (s. Foto oben). Knapp daneben wickelst du eine zweite Schlaufe und verdrehst den Draht einige Male zwischen beiden. Schneide das lange Ende nicht ab, es bildet den Stiel, an dem der Falter später befestigt wird.

2. Biege die Drahtschlaufen in die gewünschte Form und spanne Strumpfhosenstoff über eine davon – allerdings nicht zu stramm. Umwickel ihn unter der Schlaufe fest mit Garn und verknote es. Schneide die Strumpfhosenreste vorsichtig unterhalb der Wicklung ab. Gehe bei der zweiten Schlaufe genauso vor. *Wenn die Garnwicklung nicht fest genug geschnürt ist, rutscht der feine Stoff eventuell wieder heraus. Um das zu verhindern, schmierst du vor dem Abschneiden der Stoffreste einfach einen Tropfen Klebstoff um die Wicklung.*

3. Zur Anfertigung des zweiten Flügelpaars wiederholst du die Arbeitsschritte 1 und 2, aber mit einem kürzeren Draht, da du keinen zweiten Stiel benötigst und das Ende am Schluss abschneidest (s. Foto unten links).

4. Lege das zweite Flügelpaar auf das erste und binde sie in der Mitte fest mit Garn zusammen. Bringe die Flügelpaare in Position: eines nach vorne und eines nach hinten.

5. Für den Körper biegst du wieder eine Drahtschlaufe über das Röhrchen. Ziehe sie in die Länge, bis die gewünschte Körperform entsteht, und forme Fühler aus den beiden Enden. Dann spannst du auch hier ein Stück Strumpfhose über die Schlaufe und verarbeitest es wie unter Schritt 2 beschrieben (s. Foto unten Mitte und rechts).

6. Klebe den Körper oben auf die Flügel und biege den Stiel zurecht.

Recycling-Blüten

Leere Toilettenpapierrollen solltest du nicht einfach wegwerfen. Es lohnt sich auf jeden Fall, einige zu sammeln, um sie in tolle Blüten zu verwandeln. Ob einzeln, als Girlande oder im Kranz (s. Foto) – sie sind kinderleicht gebastelt, und kaum jemand wird erraten können, woraus du sie gemacht hast.

1. Drücke die Toilettenpapierrollen platt und zerschneide sie so, dass gleich breite, kurze Streifen aus einer doppelten Papprollenlage entstehen, die je nach Geschmack zwischen 1 und 3cm breit sein können. *Mache eventuell vorher Markierungen mit Bleistift und Geodreieck.*

Jeder dieser Streifen ist später ein Blütenblatt. Deine Blüten können aus verschieden vielen Blütenblättern bestehen. Ab 4 Stück funktioniert es schon.

2. Male die einzelnen Streifen von innen und außen an und lasse sie trocknen. Wiederhole den Vorgang bei Bedarf.

3. Lege alle Streifen für eine Blüte in der gewünschten Position zusammen. Dort, wo sie sich berühren, klebst du sie aneinander. Damit du die Blütenblätter nicht festhalten musst, bis der Klebstoff getrocknet ist, kannst du sie mit Wäscheklammern fixieren (s. Foto unten) und sie später wieder entfernen.

Es ist sinnvoll, die Blütenblätter in Etappen zusammen zu basteln. Wenn du alle gleichzeitig aneinanderklebst, hast du innerhalb deiner Blüte nicht ausreichend Platz, um alle Klebestellen mit Wäscheklammern zu fixieren.

4. Nun kannst du nach Belieben ein paar Perlen oder einen Knopf in die Mitte der Blüte kleben.

Tipp:

Wenn du einen Kranz machen möchtest, bastelst du erst alle Blüten und klebst sie dann mit „Blättern" aus grün angemalten Papprollenstreifen im Kreis zu einem Kranz zusammen (s. Foto rechts).

Es macht Spaß, etwas zu experimentieren. Lege die einzelnen Streifen vor dem Anmalen und Zusammenkleben zu verschiedenen Kompositionen. Setze beispielsweise weitere Blütenblätter außen um eine einfache Blüte herum, dann wird sie immer größer und prächtiger.

Du brauchst:

- Toilettenpapierrollen
  (pro Blüte ca. 1 Rolle)
- Acrylfarbe
- Pinsel
- Alleskleber
- Wäscheklammern

Nach Belieben:
Perlen oder Knöpfe

Gute-Laune-Lichtschalter

Möchtest du jedes Mal gute Laune bekommen, wenn du das Licht an- und ausmachst? Gestalte deinen eigenen Lichtschalter! Wenn du eine passende Figur dazu erfindest, wird er glatt zur pfiffigen Wanddekoration.

1. Wenn du eine gebrauchte Lichtschalter-blende beziehst, musst du sie vorher reini-gen, damit sie fettfrei ist und der Klebstoff gut hält.

2. Lege die Blende mit der Vorderseite nach unten auf die Rückseite des Papiers und zeichne die Grundform innen und außen mit Bleistift nach. Für den Rand zum Umschlagen zeichnest du zusätzlich außen eine Zugabe von 1,5cm an alle vier Seiten und in das innere Viereck (Öffnung für den Schalter) eine Zugabe von 5mm rundherum.

3. Schneide das Papier aus; es hat nun wie die Blende eine rechteckige Öffnung in der Mitte, nur ist sie kleiner. Mache von jeder der vier inneren Ecken einen kleinen diagonalen Schnitt in die dazugehörige Ecke der gezeichneten Öffnung deines Papiers (s. Foto auf dieser Seite).

4. Klebe das Papier auf: Bestreiche dazu die Schalterblende auf der Vorderseite gleichmäßig mit Klebstoff, lege sie passgenau auf die Rückseite des Papiers und strei-che es (auf der Vorderseite) glatt und fest. *Orientiere dich beim Zusammenkleben an deiner Bleistiftzeichnung auf dem Papier, dann ist das passgenaue Aufkleben ganz einfach.*

5. Knicke die innere Zugabe des Papiers um die Kanten der Öffnung für den Schalter und klebe sie fest.

6. Bestreiche einen der äußeren vier Pa-pierränder mit Klebstoff und falte ihn glatt und sauber nach hinten um. Mache dasselbe mit dem gegenüberliegenden Rand.

7. Bevor du auch die beiden übrigen Ränder mit Klebstoff bestreichst und nach hinten umschlägst, knickst du jeweils die kurzen Seiten wie beim Verpacken eines Geschenks schräg nach innen um. *Wenn das Papier auf der Rückseite der Blende nicht so glatt liegt, spielt das keine Rolle, da später nur die Front und die Seiten zu sehen sind.*

8. Montiere die frisch gestaltete Blende auf den Lichtschalter an deiner Zimmerwand.

Tipp:

Mit mattem Klarlack• überzogen ist dein neues Lieblingsstück vor der täglichen Be-rührung geschützt.

Damit dein Lichtschalter noch mehr gute Laune ausstrahlt, hängst du zusätzlich eine Figur an die Wand. Schneide ein Ornament aus dem gleichen Papier, mit dem du den Schalter bezogen hast, klebe eine Collage oder nimm ein Motiv aus einer Zeitschrift.

RIESENPOMPOMS

Hast du schon mal kleine Pompoms aus Wolle gemacht? Riesenpompoms sollen nicht etwa eine Pudelmütze, sondern dein Zimmer oder die Bäume bei der nächsten Gartenparty schmücken. Da das Herstellen eine Zeit lang dauert, eignen sich triste Regentage dafür besonders gut. Die Arbeit lohnt sich – das Ergebnis ist „pompompös".

1. Schneide den Stoff in ca. 2 cm breite Streifen. *Ein Rollschneider* bietet sich dafür besonders an. Die einzelnen Streifen sollten nicht länger als 2 m sein, sonst verheddern sie später leicht.*

2. Zeichne mit dem Zirkel zwei gleich große Kreise auf die Pappe. Ihre Größe entspricht in etwa der Größe des Pompoms. Zeichne dann je einen kleineren Kreis (etwa 1/3 so groß) in die Mitte der großen Kreise. *Beispiel: 18 cm (großer Kreis) und 6 cm (kleiner Kreis)*

3. Schneide erst die beiden großen Kreise aus und dann jeweils die inneren, sodass eine Art Ring entsteht. Dazu machst du einen geraden Schnitt von außen bis zur Mitte der Pappe. Dieser Einschnitt erleichtert nicht nur das Ausschneiden der inneren Kreise, sondern später auch das Entfernen der Pappen.

4. Lege die beiden Pappringe aufeinander, sodass die Einschnitte nicht übereinanderliegen. Wickel jetzt den ersten Stoffstreifen um den Ring – durch das Loch in der Mitte und außen über den Rand. Der Streifen wird dafür an der Außenkante der Ringe angelegt und straff gewickelt, damit der Anfang fixiert ist wie bei einem Verband. Wenn der Streifen zu Ende geht, schneidest du ihn an der Außenkante des Rings ab und setzt einen neuen Streifen an dieser Stelle an. Halte beide Enden fest und fixiere sie mit der Wicklung, dann geht es wieder weiter, immer um den Ring herum.

5. Der Stoff liegt nun gleichmäßig, fest und dicht um den gesamten Ring. Vervielfältige die Lagen, bis das Loch in der Mitte ganz dicht gefüllt ist.

6. Schiebe die untere Scherenklinge oder einen Cutter vorsichtig zwischen die beiden Pappringe und schneide die Stoffumwicklung ringsherum auf. Währenddessen hältst du das Ganze in der Mitte fest.

7. Drücke die Pappringe etwas auseinander, ziehe den Zwirn zum Aufhängen dazwischen und verknote ihn fest und sorgfältig.

8. Öffne beide Pappringe an der eingeschnittenen Stelle und ziehe sie vorsichtig heraus. Nun musst du deinen Pompom nur noch ein wenig zurechtzupfen und eventuell überstehende Enden wegschneiden.

Tipp:

Wenn du sowohl elastische (z. B. Jersey) als auch nicht elastische Stoffe verwenden möchtest, wickel die elastischen Streifen nicht zu stramm, sonst springen sie nach dem Aufschneiden zurück und sind kürzer als die anderen.

Für sehr große Pompoms eignen sich auch Material und Technik von *Blütentraum* (S. 58). Das geht schneller und verbraucht nicht den gesamten Stoffvorrat im Haus. Verwende einfach einige Lagen Papier mehr, als dort beschrieben, und entfalte sie am Ende in beide Richtungen.

Du brauchst:

- viel Stoff*
- Pappe
- Zwirn

*altes Bettzeug, Gardine, Tischdecke, Tüll …

Hängende Zapfen

Weihnachtsdekorationen mit herkömmlichen Tannenzapfen hat jeder. Mit etwas Lack, einmal schlafen und ein paar Perlen kannst du daraus eine ganz außergewöhnliche Winter-Dekoration machen.

Du brauchst:

- Zapfen
- Ahle* oder Handbohrer*
- kleine Ringschrauben*
- stabilen Draht
- Lackfarbe* (im Topf)
- Band

Nach Belieben: Perlen, Pailletten, Silberdraht, Klebstoff

1. Die Zapfen sollten sauber und trocken sein, ehe du mit der Arbeit beginnst. Bohre am Ansatz (dort, wo der Zapfen am Baum hing) mit der Ahle oder dem Handbohrer ein kleines Loch vor und drehe die Ringschraube hinein.

2. Befestige ein Stück Draht (mindestens 20cm lang) am Ring.

3. Öffne den Topf mit Lack, halte den Zapfen am Draht fest und versenke ihn komplett in der Farbe. *Der Lack kann auch mit dem Pinsel aufgetragen werden, bei der empfohlenen Vorgehensweise gelangt die Farbe allerdings besser in alle Ecken und Ritzen.*

4. Ziehe den Zapfen wieder heraus und lasse ihn gut abtropfen. Wenn du dir das zutraust, drehe den Draht schnell zwischen den Fingern, dann wird die überschüssige Farbe aus dem Zapfen geschleudert. *Achtung, Spritzgefahr! Halte den Zapfen am besten in einen Pappkarton, damit die Farbe sich nicht im ganzen Raum verteilt.*

5. Hänge den Zapfen auf und lasse ihn über Nacht trocknen. *Lege eine dicke Lage Zeitungen o.Ä. unter, die Farbe tropft noch lange nach.*

6. Entferne den Draht und ziehe ein schönes Band zum Aufhängen durch den Ring. Wenn der Zapfen eher schlicht sein soll, ist er jetzt schon fertig.

7. Dekoriere dein neues Lieblingsstück nach Belieben, z.B. mit Perlen oder Pailletten. Auch feine *Drahtsterne* (S. 46), kann man zurechtbiegen und einkleben (s. Foto). *Es gibt Klebstoffe, die die Lackschicht lösen! Probiere deinen Klebstoff vorher an einer eher unauffälligen Stelle aus. Heißkleber funktioniert in jedem Fall einwandfrei. Wenn du den Zapfen an einen Zwirn oder eine Bastelsehne aufhängst, kannst du Perlen darauffädeln.*

Ornamentkugel Bastelbogen 2

Ganz schnell ist aus wenigen Papierstreifen ein tolles Ornament gebastelt. Mit dem dazugehörigen Bastelbogen kannst du eine einzelne Kugel erstellen, um das Prinzip zu erlernen. Und dann sind deiner Phantasie für eigene Kreationen keine Grenzen gesetzt. Eine schöne Dekoration zu Ostern, zu Weihnachten und – je nach Farbe und Muster – das ganze Jahr hindurch!

Du brauchst:

- Bastelbogen 2
- Cutter
- Lochzange•
- 2 Versandtaschenklammern•
- Faden

1. Orientiere dich an den roten Schnittmarken am Rand und schneide mit dem Cutter zwölf Querstreifen mit je 1,5cm Breite aus dem Bastelbogen.

2. Stanze mit der Lochzange Löcher in die beiden roten Kreismarkierungen auf jedem Streifen.

3. Lege die Streifen zu einem Stapel übereinander und hefte sie an beiden Enden mit je einer Versandtaschenklammer zusammen. *Dabei entscheidest du selbst, ob deine Kugel außen grün oder rosafarben sein soll. Du kannst die Papierstreifen auch in farbigem Wechsel übereinanderlegen, dann ist sie gestreift (s. Foto).*

4. Biege den Stapel sichelförmig und fächere die Streifen gleichmäßig zu einer schönen Kugel auf.

5. Wenn du deine Ornamentkugel aufhängen möchtest, bindest du einen Faden an der oberen Klammer fest.

Spitzen
Wimpelkette(n)

Einmal quer durchs Zimmer gespannt oder als Dekoration fürs Sommerfest, eine romantische Wimpelkette aus Spitzendeckchen macht sich überall gut. Wenn du Glück hast, hat deine Oma ein paar ausgediente Deckchen in der Schublade. Und falls nicht, wirst du sicher auf dem Flohmarkt fündig.

Du brauchst:

* (mehrere) Spitzendeckchen
* Bügeleisen
* Schrägband•
* Stecknadeln
* Garn
* Nähmaschine

Nach Belieben: Textilkleber, Stoffreste, Stoffbänder

1. Bügel die Spitzendeckchen und schneide die runden Deckchen in der Mitte durch. Auch größere eckige Deckchen solltest du besser halbieren. *Ein Rollschneider• eignet sich für das Schneiden besonders gut. Sollten die Schnittkanten ausfransen, kannst du sie mit etwas Textilkleber versiegeln.*

2. Wenn du für deine Wimpelkette zusätzlich Stoffreste und Dekobänder verwenden möchtest, schneide sie nach Belieben zu.

3. Falte das Schrägband der Länge nach mittig zusammen und bügel über die Kante. Wie viel Schrägband du benötigst, hängt davon ab, wie lang deine Girlande werden soll. Außerdem brauchst du noch genügend Zugabe für die Befestigung der fertigen Wimpelkette. *Je breiter das Schrägband ist, desto einfacher wird es, die Einzelteile anzunähen – und desto besser sitzen sie im Schrägband.*

4. Wenn du die richtige Position für alle Elemente deiner zukünftigen Wimpelkette gefunden hast, fixierst du die einzelnen Teile mit Stecknadeln zwischen den gefalteten Bandhälften. Dabei sollten die oberen Kanten so weit wie möglich in der Falte liegen. *Anstelle der Stecknadeln kannst du auch Textilkleber verwenden. Lasse an beiden Enden genug Schrägband frei, um die Kette später damit befestigen zu können.*

5. Zum Schluss steppst du mit der Nähmaschine eine Naht über die gesamte Länge des Schrägbands, sodass die einzelnen Wimpel gut und fest dazwischensitzen.

Tipp:

Willst du eine bunte Wimpelkette machen? Färbe die Spitzendeckchen einfach vorher mit Textilfarbe ein.

Wimpelkette aus Papier

Wenn du keine Spitzendeckchen zur Hand hast, kannst du eine ähnliche Wimpelkette aus Papier machen. Sie ist zwar nicht so lange haltbar, lässt sich aber schneller und leichter basteln. Du brauchst dafür nur ein Band in der gewünschten Länge, einen Klebestift und Tortenspitze aus dem Drogerie- oder Supermarkt:

1. Falte die einzelnen Tortenspitzenbögen in der Mitte.

2. Ordne die gefaltete Spitze nach Belieben am Band entlang an, sodass das Band im Knick zwischen den beiden Tortenspitzenhälften verläuft.

3. Wenn du die richtige Position für die einzelnen Teile gefunden hast, fixiere das Band mit ein wenig Klebstoff und klebe die beiden Papierhälften jeweils zusammen. *Natürlich kannst du auch hier nach Belieben zusätzlich Stoffreste oder -bänder zwischen die Tortenspitze knoten.*

Zimmergirlande

Wenn es draußen grau und regnerisch ist, kann es drinnen umso bunter werden. Diese Girlande ist alles andere als ein Hexenwerk. Eine Handvoll Knöpfe und Geschenkpapier-Reste oder alte Zeitschriften, schon hast du dein Material fast zusammen.

Du brauchst:

- buntes Papier
- Stickgarn
- Nadel
- Knöpfe
- Klebestift

1. Schneide Kreise und Quadrate (Durchmesser bzw. Seitenlänge 5cm) aus dem Papier deiner Wahl zu. Bedenke, dass jedes Papier-Ornament aus einer Vorder- und einer Rückseite besteht. Du brauchst also pro Ornament zwei gleiche Teile.

2. Schneide das Stickgarn in der von dir gewünschten (Girlanden-)Länge ab und fädel es auf die Nadel.

3. Arrangiere die Knöpfe, Quadrate und Kreise im Wechsel, so, wie es dir am besten gefällt. Um die Papierornamente zu fixieren, klebst du zwei gleiche Formen passgenau so gegeneinander, dass das Stickgarn mittig zwischen ihnen verläuft. Die Knöpfe werden einfach aufgefädelt und an die richtige Stelle geschoben. *Wenn du ganz sichergehen willst, dass ein Knopf nicht mehr verrutscht, fädelst du das Garn – nachdem du die richtige Stelle für ihn gefunden hast – ein zweites Mal durch die beiden Knopflöcher.*

Tipp:

Du kannst auch die Blumen von *Bastelbogen 3* als Deko-Elemente nutzen. Bedenke dabei, dass du mit der Nadel zwei Löcher an gegenüberliegenden Seiten jeder Blüte stechen musst, um sie ähnlich wie die Knöpfe auffädeln zu können.

Kuschel
Kissenbezug

Kein Knopf, kein Reißverschluss, der angenäht werden will und beim Kuscheln stört! Ein Kissenbezug mit sogenanntem Hotelverschluss ist leicht zu machen, auch für Anfänger an der Nähmaschine. Du kannst ihn aus nur einem Stück Stoff nähen, das auf der Rückseite des Bezugs übereinandergeschlagen wird.

1. Schneide den Stoff zu: 2,5-fache Kissen-höhe + Nahtzugabe (4cm oben und 4cm unten) × Kissenbreite + Nahtzugabe (1cm rechts und 1cm links).

Beispiel für ein Kissen in 40×40cm:
Höhe 108cm: 2,5-fache Kissenhöhe + oben und unten je 4cm Nahtzugabe
Breite 42cm: Kissenbreite + rechts und links je 1cm Nahtzugabe

2. Die kurzen Seiten jeweils zweimal 2cm breit nach links umschlagen, überbügeln und feststeppen.

3. Versäubere die langen Schnittkanten mit einem Zickzackstich. *Das ist nicht unbedingt notwendig, verhindert aber, dass der Stoff mit der Zeit ausfranst.*

4. Lege die Stoffbahn mit der rechten Seite nach oben vor dich hin und schlage die beiden kurzen Seiten nach innen um: Zuerst die Seite, die später sichtbar sein soll (in ca. 2/3 der Kissenhöhe), anschließend die andere Seite. Schlage sie so weit darüber, dass die Höhe deines Kissens entsteht.

5. Richte die beiden Seitenkanten ordent-lich aus, fixiere sie mit Stecknadeln und steppe sie im Abstand von 1cm an der Kante entlang ab.

6. Wende deinen Kissenbezug auf rechts und krempel ihn bis in die Ecken sorgfältig um. Wenn du magst, bügelst du ihn abschlie-ßend noch einmal über. *Der Hotelverschluss auf der Rückseite deines Kuschelkissens sollte in etwa so aussehen wie bei dem kleinen Kissen auf dem Foto.*

Tipp:

Wasche den Stoff vor dem Nähen einmal, da er einlaufen könnte. Nicht, dass dein Bezug nach der ersten Wäsche zu klein ist!

Nähe die benötigte Stoffmenge (Schritt 1) aus verschiedenen Stoffresten zusammen. Berechne jeweils 1cm Nahtzugabe und bü-gel sie anschließend ordentlich auseinander. Für Nähanfänger bieten sich Streifen an.

Findest du deinen Kuschelkissenbezug noch nicht ausgefallen genug? Gestalte ihn zum Beispiel mithilfe eines *Radiergummistempels* (S. 90) oder einer *Schablone* (S. 92) oder bügel Applikationen mit doppelsei-tigem Haftvlies* auf – das geht auch noch sehr gut, wenn der Bezug schon fertig ist. Aufwendigere Näharbeiten solltest du allerdings schon frühzeitig planen und vor dem Zusammennähen der Seitenkanten aufgesteppt haben.

Du brauchst:

- Kissen zum Beziehen
- Stoff je nach Kissengröße
  (s. Schritt 1)
- Stecknadeln
- Garn
- Nähmaschine
- Bügeleisen
- Maßband

Drahtsterne

Diese feinen kleinen Drahtsterne sind wunderschöne Schmuckstücke, die du überall einsetzen kannst: als Vasen- oder Tischdekoration, Geschenkanhänger, Christbaumschmuck, für eine Brosche usw. Das Material hast du vielleicht sogar noch irgendwo herumliegen, und zack, ist der Stern schon fertig.

Du brauchst:

- Basteldraht, ø 0,3mm
- Perlen

1. Schneide ein Drahtstück in 50−80cm Länge ab, je nachdem, wie viele Strahlen der Stern bekommen soll und wie lang sie werden sollen.

2. Ziehe eine Perle auf die Mitte des Drahtes, biege beide Enden um und drehe sie direkt hinter der Perle gleichmäßig zusammen, und zwar so weit, wie der erste Strahl lang sein soll.

3. Öffne die beiden Drahtenden und ziehe nacheinander jeweils in gewünschter Strahlenlänge eine Perle auf, biege den Draht um und drehe ihn gleichmäßig bis zum Ansatz vom ersten Strahl zusammen. Auf diese Weise entstehen Strahl zwei und drei.

4. Wiederhole Arbeitsschritt 3 so lange, bis der Stern fertig ist. Das letzte Ende vom Draht solltest du ein paarmal zwischen den einzelnen Strahlen um die Mitte wickeln, dann wird dein Stern stabiler.

Tipp:

Wenn du die Strahlen hochbiegst, entsteht ein kleiner Strauß aus Perlen, den du z.B. für die *Hängenden Zapfen* (S. 36) oder als Staubgefäße für die Blumen vom *Blütentraum* (S. 58) verwenden kannst.

Stoffeicheln

Möchtest du zum Herbst dein Zimmer, die Kommode im Flur oder den Esstisch mit einem passenden Lieblingsstück schmücken? Stoffeicheln kannst du in dezenten Farbtönen oder phantastisch bunt gestalten. Und vielleicht gefallen sie dir sogar so gut, dass du sie das ganze Jahr über bewundern möchtest.

1. Die Eichelhütchen müssen sauber und trocken sein, am besten legst du sie ein paar Tage auf die Fensterbank, damit sie gut austrocknen. Dann kannst du auch die Frucht einfacher herauslösen und Schmutz abputzen.

2. Forme kleine Wattebällchen, ungefähr in der Größe einer echten Eichel.

3. Wickel ein Stückchen Stoff um jedes Wattebällchen, sodass kleine Säckchen entstehen. Schnüre jedes Säckchen fest mit einem Faden zusammen und verknote die Enden. Der Watteball sollte stramm im Stoffsack verschnürt sein. *Das geht mit dünnen und elastischen Stoffen etwas leichter als mit dickeren.*

4. Schneide die Stoffreste unterhalb der Fadenwicklung vorsichtig so weit wie möglich zurück, damit die Stoffeichel tiefer in das Hütchen passt.

5. Setze die Eichel mit der verschnürten Seite nach unten in ein Hütchen. Durch Rollen zwischen den Händen oder auf der Tischplatte kannst du die Form etwas verändern, bis sie einen guten Sitz hat.

6. Heißkleber in das Eichelhütchen geben und den kleinen Stoffball hineindrücken. *Hast du keine Heißklebepistole zur Hand? Du kannst auch Sekundenkleber verwenden.*

7. Wenn der Klebstoff getrocknet ist, kannst du die Eichel noch etwas nach-formen.

Tipp:

Soll es so farbenfroh wie möglich sein? Male deine Eichelhütchen mit Lackfarbe an, ehe du die Stoffsäckchen einklebst.

Statt der Stoffsäckchen kannst du auch schöne Glasmurmeln oder kleine Filzkugeln aus dem Bastelbedarf in die Eichelhütchen kleben.

Duftorangen

Orangen sehen frisch mit Gewürznelken besteckt wunderschön aus, verbreiten einen feinen Duft und sind eine tolle Dekoration zur Weihnachtszeit. Mit etwas Glück kannst du sie später als Wäschebedufter in deinem Kleiderschrank verwenden.

Du brauchst:

- unbeschädigte Orange
- Zahnstocher
- Gewürznelken

Nach Belieben: Kreppklebeband•, schmales Schleifenband

1. Findest du die Duftorange, auch Pomander genannt, mit Schleifenband am schönsten? Probiere als Erstes aus, ob und auf welche Art du es um die Orange binden möchtest – zum Beispiel über Kreuz (wie bei einem verpackten Geschenk) oder einfach einmal um den Orangenbauch herum. Klebe diese Stellen mit Kreppklebeband ab und lege das Schleifenband zunächst wieder an die Seite. *Wenn du es gleich anbringst, kann es bei den nächsten Arbeitsschritten beschmutzt werden.*

2. Steche mit dem Zahnstocher Löcher in die Orangenschale und stecke in jedes dieser Löcher eine Gewürznelke. Du kannst die gesamte Orange mit Nelken spicken, nur einzelne Reihen „abstecken", oder du denkst dir ganz eigene Muster aus. *Durch das Löcherstechen tritt etwas Saft aus der Orange. Wenn dich das stört, tupfst du ihn mit einem Küchentuch oder Lappen zwischendurch ab.*

3. Wenn du am Anfang Kreppklebeband auf deine Orange geklebt hast, ziehst du es jetzt vorsichtig wieder ab und bindest

das Schleifenband an seine Stelle. Fixiere es eventuell mit einigen Stecknadeln, damit es nicht verrutscht.

4. Lege die Duftorange an einen trockenen Ort, zum Beispiel auf die Fensterbank über der Heizung. So verdirbt sie hoffentlich nicht. Mit der Zeit trocknet die Frucht aus und schrumpft. Ihre Schale wird braun und sieht nicht mehr so schön aus wie am Anfang. Dein Pomander duftet aber weiterhin herrlich.

Tipp:

Steche zusätzlich zu den Nelken Perlkopf-Stecknadeln in deine Orange, dann wird sie etwas bunter (s. Foto, linke Frucht).

Wenn die Duftorange gut durchgetrocknet ist, legst du sie einfach in deinen Kleiderschrank. Ihr Geruch soll sogar Motten fernhalten.

Auch andere Zitrusfrüchte wie Zitronen oder Limetten eigenen sich zum Bestecken mit Gewürznelken.

Blumen  am Stiel
Bastelbogen 3

Als Geschenk oder für zu Hause – im Strauß oder um eine grüne Topfpflanze etwas aufzupeppen. Wenn dir der *Blütentraum* (S. 58) zu aufwendig ist, hier eine zeitsparende Alternative, um dir selbst oder jemand anderem mit ganz besonderen Blüten eine Freude zu machen.

Du brauchst:

- Bastelbogen 3
- Cutter
- Draht, ø ca. 0,5mm

1. Schneide alle Blüten und Blätter aus.

2. Mit dem Cutter machst du in jedes Teil zwei kleine parallel verlaufende Schlitze – ca. 0,5 cm weit voneinander entfernt und höchstens 1 cm lang, und möglichst nicht zu nahe am Rand, damit das Papier nicht einreißt.

3. Schiebe ein Stück Draht als Stiel durch die beiden Schlitze. Damit die Papierblüten nicht wieder herausrutschen, biegst du anschließend jeweils das obere Drahtende nach unten um.

Tipp:

Du kannst die Blüten und Blätter auch ohne Drahtstiel verwenden – zum Beispiel als Gestaltungselemente für die *Zimmergirlande* (S. 42), als Blickfang am *Knopfkragen* (S. 120) oder als Geschenkanhänger.

Kartonkaninchen Bastelbogen 4

Neues Haustier gefällig? Dieses Schreibtischkaninchen ist sehr pflegeleicht, nur abgestaubt werden möchte es von Zeit zu Zeit. Außerdem eignet es sich hervorragend als Osterdekoration.

Du brauchst:

- Bastelbogen 4
- Falzbein* oder Besteckmesser
- Alleskleber

1. Schneide die Kaninchenteile aus dem Bastelbogen aus.

2. An den roten gepunkteten Linien müssen die Beinteile nach innen geknickt werden. Damit die Knicke an den richtigen Stellen verlaufen, ziehst du mit dem Falzbein oder Messerrücken an einem Lineal entlang Rillen in das Papier und faltest es anschließend.

3. Schneide dann die Schlitze entlang der schwarzen Linien genau bis zum Ende der Markierungen, zwei in den Körper und einen in die Vorderbeine.

4. Stecke die drei Teile zusammen und richte sie so aus, dass das Kaninchen mit den Vorder- und Hinterläufen am Boden steht.

5. Tupfe kleine Klebstoffpunkte auf die beiden schraffierten Stellen an der Innenseite der Hinterbeine und klebe sie auf der richtigen Höhe an den Körper. Zusammendrücken, bis der Kleber trocken ist, und den Vorgang anschließend mit den Vorderbeinen wiederholen.

6. Biege alle vier Beine vorsichtig etwas nach außen, damit dein Kaninchen einen besseren Stand hat.

Tipp:

Wenn du noch weitere pflegeleichte Haustiere in deinem Zimmer verteilen möchtest, bastel einfach Hund, Katze, Maus usw. nach diesem Steckprinzip.

Garten
im Glas

Ein Garten im Marmeladenglas bietet selbst bei den Hausaufgaben einen kleinen Ausblick in die Natur. Bei der Gestaltung und Bepflanzung kannst du alles Mögliche ausprobieren. Dickblattpflanzen eignen sich besonders gut, weil sie nicht allzu schnell aus dem Glas hinauswachsen wollen oder stark gewässert werden müssen.

Du brauchst:

- Glas mit Schraubdeckel
- Hammer
- Ahle* oder Nagel
- Kieselsteine
- Erde
- kleine Pflanzen
- Zerstäuber-Flasche

1. Reinige das Glas und den Schraubdeckel gründlich, trockne sie ab und poliere anschließend alle Wasserflecken am Glas gut weg. *Um Etiketten rückstandslos zu entfernen, weichst du das Glas und den Deckel einige Zeit in warmem Wasser ein.*

2. Zur Belüftung des Gartens schlägst du mit Hammer und Ahle (oder Nagel) ein paar Löcher in den Schraubdeckel.

3. Gib eine Schicht Kieselsteine in dein Glas und darüber eine Schicht Erde.

4. Setze die Pflanzen, die du ausgesucht hast, in die Erde und drücke sie fest.

5. Mit Wasser aus der Zerstäuber-Flasche feuchtest du alles gut an, nicht durchnässen! *Wenn du Kalkflecken am Glas und auf den Pflanzen vermeiden möchtest, nimmst du destilliertes Wasser – entgegen aller Gerüchte, dass es den Pflanzen nicht bekommt.*

6. Schraube den Deckel zu und stelle deinen Garten im Glas an den Platz, den du ausgesucht hast. Besprühe deine Pflanzen bei Bedarf mit etwas (destilliertem) Wasser aus der Sprühflasche. *Es kann sein, dass sie am Anfang etwas häufiger „besprenkelt" werden möchten und im Laufe der Zeit weniger.*

Tipp:

Es gibt viele Möglichkeiten, den Garten im Glas individuell zu gestalten. Lackiere zum Beispiel den Schraubdeckel mit Sprühfarbe, beklebe ihn mit *bunten Klebebändern* (S. 86) oder baue eine ganze Szenerie mit kleinen Figuren, Steinen, Muscheln, Zweigen usw. in das Glas.

Blütentraum

Bunte Blumen, die kein Wasser und keine Erde brauchen? Davon träumen nicht nur Leute, die keinen grünen Daumen haben.

1. Lege 8 Bogen Krepppapier in der Größe 12×30 cm glatt und ordentlich zu einem Stapel übereinander.

2. Falte ihn von der kurzen Seite aus in 2 cm Abständen wie eine Ziehharmonika. *Wenn du noch nie so eine Ziehharmonika-Faltung gemacht hast, lies dazu Schritt 3 aus der Bastelanleitung Flinker Fächer (S. 108).*

3. Halte deinen gefalteten Papierstreifen so, dass die Farbe, die im Inneren der Blüte sein soll, oben ist. Wickel den Draht einmal um die Mitte des Streifens und verdrehe ihn an der unteren Seite. Er sollte einigermaßen fest sitzen, allerdings nicht so stramm, dass das Papier reißen kann. Die Drahtenden werden später zur Befestigung der Blüte verwendet. *Wenn sie stabil und lang genug sind, können sie auch gleich als Stiel dienen.*

4. Schneide die schmalen Seiten des gefalteten Papiers mit einer Schere pfeilartig oder rund zu – je nachdem, ob deine Blume spitze oder runde Blütenblätter bekommen soll. Wenn die Ziehharmonika zu dick ist, kannst du die Lagen in Etappen schneiden. *Es muss nicht perfekt werden, beim Krepppapier übersieht der Betrachter kleine Fehler ganz leicht.*

5. Spreize die Hälften fächerartig und ziehe die einzelnen Papierlagen nacheinander und vorsichtig nach oben, um die Blütenblätter zu entfalten. Trenne die einzelnen Lagen nicht in einem Rutsch, sondern ziehe sie Falte für Falte nach oben, während du die unteren Lagen festhältst. *Sollte das Papier an der einen oder anderen Stelle etwas einreißen: Keine Sorge, das fällt später nicht mehr auf.*

6. Mit dem Draht befestigst du die Blüte ggf. an einem Schaschlikspieß oder an einem anderen Stiel deiner Wahl. Du kannst sie auch an größeren Zweigen arrangieren, so entsteht ein etwas anderer Blütentraum.

Tipp:

Je nach Breite der Papierlagen variiert die Blütengröße. Je kleiner die Blume werden soll, desto schmaler sollte auch die Ziehharmonika-Faltung sein.

Mit Perlen und Draht kannst du Staubgefäße für die Blumen basteln (s. Foto). Folge der Anleitung *Drahtsterne* (S. 46), biege die einzelnen Strahlen nach oben und befestige das Ganze vor dem Entfalten der Blütenblätter an dem Draht in der Mitte.

*alternativ Seidenpapier, Papierservietten oder buntes Transparentpapier

Du brauchst:

- Krepppapier*
- Draht

Nach Belieben:
Schaschlikspieße, Zweige

Deko-Ast

Du hast beim Spaziergang einen schönen Ast gefunden? Ob in der Zimmerecke oder auf dem Bücherregal, je nach Größe findest du bestimmt ein tolles Plätzchen dafür. Mit ein paar Wollresten umwickelt, wird er gleich doppelt schön und ein echter Hingucker.

Du brauchst:

- Ast
- Alleskleber
- Wolle

1. Klebe den Anfang eines Wollfadens an einer beliebigen Stelle am Ast fest, an der deine Dekoration beginnen soll, und wickel die Wolle darüber, um das Ganze zu fixieren. Anschließend wickelst du sie von dort ausgehend dicht und stramm um den Ast und klebst auch das Ende des Fadens fest. Lasse den Klebstoff trocknen. Wie lang deine Wolldekoration werden soll, entscheidest du selbst. *Wenn du längere Strecken umwickelst, solltest du zwischendurch immer wieder einen Tropfen Klebstoff auf den Ast geben, damit sich die Wicklung nicht verschiebt.*

2. Wiederhole den Vorgang an verschiedenen Stellen, bis du mit deinem Deko-Ast zufrieden bist.

Tipp:

Experimentiere auch mit anderen Wickel-Materialien wie Webbändern, Stoffstreifen, Alufolie usw.

Stelle deinen Ast, je nach Größe, in einen mit Sand gefüllten Blumentopf oder schraube ihn in einen kleinen Christbaumständer. Dann hat er einen sicheren Stand, und du kannst deine Halsketten oder andere Lieblingsstücke daran aufhängen.

Recycling-Tiere

Fuchs, Eichhörnchen oder Eule, Katze, Waschbär oder Pinguin, ein tierischer „Pappkamerad" mit viel Charakter ist leicht gemacht!

Du brauchst:

- Toilettenpapierrollen
  (pro Tier 1 Rolle)
- Acrylfarbe
- Pinsel

Nach Belieben: Filzstifte, Buntstifte, bunte Papiere, Zeichenpapier, Pappe, Klebestift

1. Stelle die Toilettenpapierrolle aufrecht hin und knicke das obere Ende auf einer Seite mit beiden Daumen zur Öffnung hin ein. Wiederhole dann den Vorgang auf der gegenüberliegenden Seite, sodass zwei Ecken (Ohren, s. Foto) entstehen.

2. Grundiere die Papprolle mit Acrylfarbe – falls nötig auch mehrfach. Lasse die Farbe trocknen.

3. Wenn es schnell gehen soll, malst du dein Tier jetzt einfach mit Filzstift auf die farbige Rolle. Auch aufgeklebte bunte Papierschnipsel (Geschenkpapier, Zeitschriften …) eignen sich gut, um ihm sofort Persönlichkeit zu verleihen. Hast du etwas mehr Zeit, kannst du das Gesicht und andere Details auf Papier zeichnen und danach ausschneiden und aufkleben.

4. Soll dein tierischer Pappkamerad einen abstehenden Schwanz oder ausgebreitete Flügel haben? Solche Körperteile bastelst du aus einem Stück Pappe und befestigst sie anschließend an dem Tierkörper.

KÜRBIS
LATERNE

Wenn der Herbst da ist, steht Halloween vor der Tür! Gruselige Kürbisköpfe gefallen dir nicht? Schnitze eine Kürbislaterne, die verträumte Stimmung und gemütliches Licht an dunklen Tagen und Abenden verbreitet.

1. Schneide mit dem Messer eine runde Öffnung in die Mitte der Kürbis-Unterseite. Sie sollte so groß sein, dass deine Hand zum Aushöhlen gut hindurchpasst.

2. Höhle den Kürbis mit dem Metalllöffel vollständig aus. Das ist ein gutes Stück Arbeit und dauert seine Zeit. Die Kürbiswand sollte am Ende nur noch ca. 1–2cm dick sein. *Aus dem herausgekratzten Fruchtfleisch kannst du – oder deine Eltern – eine leckere Kürbissuppe kochen.*

3. Steche mit einem Apfelentkerner vorsichtig Löcher in den Kürbis. Damit das Teelicht in deiner Laterne später genügend Luft zum Brennen hat und der Rauch abziehen kann, stichst du ein oder zwei Löcher in Stielnähe auf der oberen Seite. Abgesehen davon kannst du die Löcher platzieren, wo es dir gefällt.

4. Schnitze mit den verschiedenen Linolschnittmessern Muster in die Kürbisschale. Am besten zeichnest du sie mit Kugelschreiber auf der Schale vor und arbeitest sie dann mit den U- und V-förmigen Klingen heraus. *Nutze das Stück, das du am Anfang unten aus dem Kürbis herausgeschnitten hast, um die verschiedenen Werkzeuge vorher auszuprobieren.*

5. Setze den Kürbis mit der unteren Öffnung über ein angezündetes Teelicht. Am besten stellst du das Teelicht in ein kleines Glas, dann ist es besser geschützt, und der Kürbis kokelt auch nicht so leicht an.

Achtung! Die Kürbislaterne mit dem Teelicht muss auf einer feuerfesten Unterlage stehen. Lass sie niemals unbeaufsichtigt brennen!

Tipp:

Leider ist auch der schönste Kürbis nicht unverwüstlich. Wenn du deine Kürbislaterne von innen mit Essig auswäschst, hält das den Schimmel aber ein wenig länger fern.

Eulenlicht Bastelbogen 5

Dieses Windlicht wird ganz ähnlich wie die *Blechlaterne* (S. 20) hergestellt. In den dünnen Karton kannst du aber viel feinere Lochmuster und -motive stechen als in das Blech der Konservendose.

Du brauchst:

- Bastelbogen 5
- Lochzange•
- Filzunterlage*
- Nadel
- 3 Versandtaschenklammern•
- Teelicht

*alternativ ein sauberes,
trockenes Schwammtuch

1. Schneide das Rechteck entlang der schwarzen Linien auf der Rückseite des Bastelbogens aus.

2. Stanze mit der Lochzange die Kreis-markierungen an den kurzen Seiten aus.

3. Lege den Karton mit dem Motiv nach oben auf die Filzunterlage und steche mit der Nadel ein Lochmuster nach deinem Geschmack. Lasse zwischen den einzelnen Löchern einen Abstand von ca. 2mm.
Du kannst beispielsweise die Äste und Blätter nachstechen (s. Foto), oder du machst einfach einige Löcher als Sterne in den blauen Hintergrund.

4. Biege das Rechteck zu einem Zylinder, sodass die gestanzten Löcher an den kurzen Seiten übereinanderliegen. Stecke die Versandtaschenklammern von außen nach innen durch diese Löcher und drücke die Metallenden auseinander.

5. Forme den Zylinder ein wenig zurecht und stelle ihn über ein Teelicht.

Achtung! Stell das Teelicht immer auf eine feuerfeste Unterlage und lass es niemals unbeaufsichtigt!

Tipp:

Wie wäre es mit einem kleinen Glas für das Teelicht? Dann steht dein Windlicht auch draußen stabil und kann nicht in die Flamme kippen.

Schneegestöber im Glas

Bastel dir ein eigenes Schneegestöber. Damit kannst du nicht nur zu Weihnachten punkten. Das Schütteln und Bestaunen einer so kleinen Schneelandschaft macht einfach jederzeit Spaß.

1. Reinige Glas und Schraubdeckel gründlich und lasse sie gut trocknen. *Um Etiketten rückstandslos zu entfernen, weichst du das Glas einige Zeit in warmem Wasser ein.*

2. Klebe die Figur – oder auch eine ganze Szenerie – mit Heißkleber auf die Innenseite des Deckels. Am Rand muss rundherum noch ein wenig Platz bleiben, damit der Deckel sich noch gut auf das Glas schrauben lässt. Sei nicht zu sparsam mit dem Klebstoff und lasse ihn hinterher gut aushärten! *Eine kleine Plastikfigur ist unter Umständen schlecht zu sehen, wenn du sie direkt in den Deckel setzt. Um sie ein wenig zu erhöhen, klebst du einen kleinen Sockel aus Kieselsteinen, einem Plastikschraubverschluss oder Ähnlichem darunter (s. Foto unten).*

3. Gib 1–2 Tropfen Spülmittel und etwas Glitter in das Glas. Fülle es zu zwei Dritteln mit destilliertem Wasser und rühre kräftig um. Es entsteht ein Probe-Schneesturm, anhand dessen du prüfen kannst, ob schon genug „Schnee" im Glas ist oder ob du noch Glitter hinzufügen möchtest.

4. Setze nun vorsichtig und langsam den dekorierten Deckel auf das Glas und prüfe so, ob noch etwas destilliertes Wasser nachgefüllt werden kann. *Eine Pipette oder große Spritze könnte dir bei der Dosierung des Wassers helfen.*

5. Wenn du den richtigen Wasserstand erreicht hast, d.h., wenn so wenig Luft wie möglich im Glas bleibt, schraubst du den Deckel fest zu.

6. Endlich ist es so weit: Drehe das Glas um und schüttel ein kräftiges Schneegestöber herbei!

Tipp:

Schließt deine Schneekugel nicht wasserdicht? Drehe das Glas über Nacht mit dem Deckel nach oben, damit das ausgelaufene Wasser am Gewinde trocknen kann. Anschließend dichtest du die Rille zwischen Deckel und Glas rundherum mit Heißkleber ab und kaschierst eventuelle Klebespuren mit einer schönen Borte.

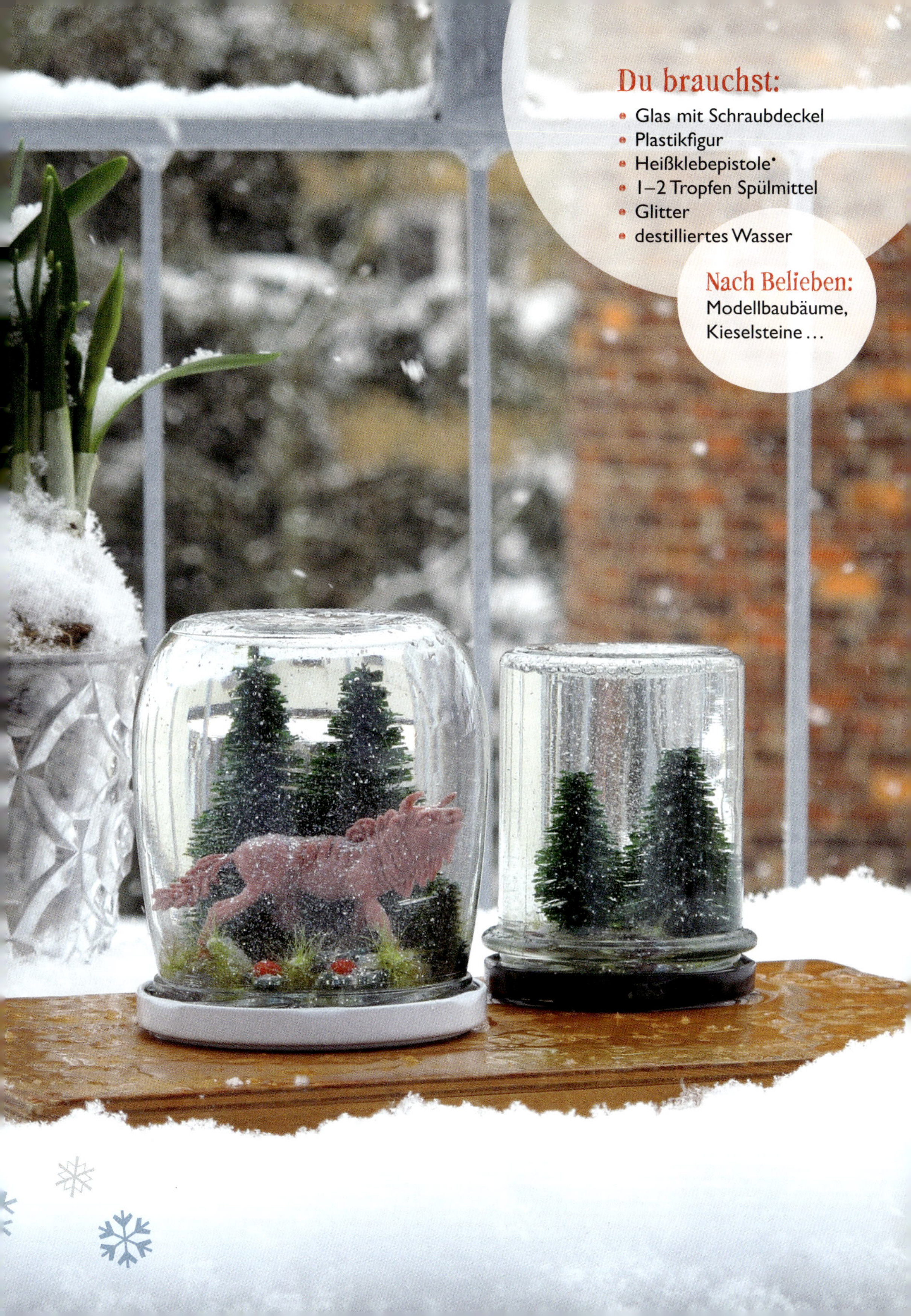

Du brauchst:

- Glas mit Schraubdeckel
- Plastikfigur
- Heißklebepistole•
- 1–2 Tropfen Spülmittel
- Glitter
- destilliertes Wasser

Nach Belieben:

Modellbaubäume, Kieselsteine …

Schutzengel Bastelbogen 6

Wer hätte nicht gerne einen ganz persönlichen Schutz- oder Weihnachtsengel? Hier kommt er! Du kannst ihn neben dein Bett oder unter den Weihnachtsbaum stellen. Vielleicht brauchst du auch jemanden, der dich bei den Hausaufgaben begleitet?

Du brauchst:

- Bastelbogen 6
- Falzbein* oder Besteckmesser

1. Schneide den Engel an der schwarzen Linie entlang rundherum, bis in die „Achselhöhlen" und an den Kragen heran aus. Anschließend schneidest du die beiden Schlitze in das Kleid, genau bis zum Ende der Markierungen.

2. Ziehe mit einem Falzbein oder Messerrücken eine Rille entlang der gepunkteten Linien an den Schultern und knicke die Arme nach unten.

3. Stecke die beiden Schlitze ineinander. So entsteht der kegelförmige Körper, und die gelbe Seite der Flügel ist von vorne zu sehen. Dein Engel ist fertig und freut sich über ein passendes Plätzchen in deinem Zimmer.

 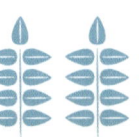

Freizeitorden

Für die weltbeste Freundin, die liebste Omi, beim Schulsportfest und Reitturnier, zum Geburtstag oder einfach nur so. Hat sich ja jeder mal einen Orden verdient!

Rosetten-Orden:

- Untertasse als Vorlage
- Stoff (in Größe der Vorlage)
- Nadel
- Garn
- schmales Stoffband
- Nahtband* oder Stoffstreifen
- Bastelfilz
- Sicherheits- oder Broschennadel
- Textilkleber

Nach Belieben: Stoffreste, Spitze, Knöpfe, Perlen, Figuren, Filz, Stickgarn, Wolle, Alleskleber …

1. Zum Herstellen einer Stoffrosette brauchst du die Untertasse als Vorlage und folgst den Schritten 1–4 der Anleitung *Schmuckspange* (S. 124).

2. Zupfe die Rosette zurecht und verdecke die Öffnung, die nach dem Zuziehen bleibt, nach Belieben mit einer zweiten, kleineren Rosette (mit runder Vorlage in ø ca. 11 cm), einem großen Knopf oder einem Filzstückchen. Nähe oder klebe das Element auf – je nach Material mit Textil- oder Alleskleber.

3. Je nachdem, wie lang die Schleifen (Stoffbänder und -streifen, Nahtband) an deinem Orden sein sollen, schneidest du sie nach Belieben zu und klebst sie mittig und leicht versetzt mit Textilkleber auf die Rosetten-Rückseite.

4. Dekoriere deinen Orden je nach Anlass mit Knöpfen, Perlen, kleinen Figuren und anderem.

5. Schneide einen kleinen Filzkreis (ø ca. 5–6 cm) zu und befestige die Sicherheits- oder Broschennadel mit einigen Stichen auf seiner Mitte. Der Kreis sollte groß genug sein, um alle entstandenen Unsauberkeiten (vernähte Fäden etc.) zu kaschieren.

6. Klebe den Filzkreis mittig auf die Rückseite der Rosette und lasse alles trocknen.

Wimpel-Orden:

- Bastelfilz
- große Sicherheitsnadel (50mm)
- Textilkleber

Nach Belieben: wie beim Rosetten-Orden; zusätzlich Nadel und Garn

1. Schneide einen Streifen aus Filz in ca. 3cm Breite und 16cm Länge (doppelt so lang, wie dein Orden werden soll) zu.

2. Falte die lange Seite des Filzstreifens in der Mitte und positioniere die nicht zu öffnende Seite der Sicherheitsnadel innen in der Faltkante.

3. Klebe nun die Streifenhälften exakt aufeinander und lasse sie trocknen.

4. Schneide die Spitze zu, wie es für dich am schönsten aussieht – z.B. pfeilförmig nach innen oder außen.

5. Dekoriere deinen Orden je nach Anlass mit Knöpfen, Perlen, Wolle …

Schachtelkissen Bastelbogen 7

Kurz ausschneiden, knicken, kleben, und schon hast du eine Schachtel gebastelt, die wie ein kleines Kissen aussieht. Die perfekte Verpackung für kleine Geschenke oder eigene Schätze!

Du brauchst:

- Bastelbogen 7
- Falzbein* oder Besteckmesser
- Klebestift

1. Schneide die Form der Schachtel an der schwarzen Linie entlang auf der Rückseite des Bastelbogens aus.

2. An den gepunkteten Linien wird die Schachtel gefaltet. Damit die Knicke exakt und gerade verlaufen, ziehst du mit einem Falzbein oder Messerrücken erst Rillen in das Papier. *An den geraden Linien führst du das Falzbein oder Messer an einem Lineal entlang. Die Rundungen müssen frei Hand gemacht werden – langsam und vorsichtig.*

3. Knicke erst den schmalen Streifen entlang der Rille nach innen und klappe dann das breitere Teil (ebenfalls entlang der Rille) darüber.

4. Bestreiche die schwarze Schraffur auf dem schmalen Streifen mit Klebstoff und klebe Unter- und Oberseite der Schachtel zusammen. Lasse den Kleber gut austrocknen.

5. Noch ist die Schachtel ganz flach. Wenn du die beiden langen Seiten zwischen Daumen und Zeigefinger etwas zusammendrückst, öffnet sie sich, sodass du nun die vier Flügel zum Verschließen vorsichtig entlang der Rillen nach innen umknicken kannst. *Damit sich deine Schachtel leicht aufmachen lässt, müssen die beiden Flügel mit der Ausbuchtung zuerst eingeklappt werden. Dann kannst du zum Öffnen einfach mit der Fingerkuppe dahinterfassen.*

EIER frauen

Mach deinen Eltern eine Freude und bereite das Sonntagsfrühstück vor! Bis die ganze Familie versammelt ist, kann es eine Weile dauern. Da müssen Eierwärmer her – mit Sicherheit auch ein tolles Geschenk zum Muttertag.

Du brauchst:

- Transparentpapier
- dicken Bastelfilz (3mm stark)
- Bastelfilz (1mm stark)
- Nadel*
- Stickgarn
- Garn

*Du kannst die einzelnen Teile mit der Hand oder mit der Nähmaschine zusammennähen.

1. Nutze die abgebildete Eierfrau als Vorlage und übertrage die große Grundform mit Transparentpapier zweimal auf den dicken Bastelfilz. Alle anderen Elemente wie Kopf, Haare und Kopftuch überträgst du je einmal auf den normalen Bastelfilz.

2. Augen, Nase und Mund stickst du auf die Kopfform. Dafür musst du keine besonderen Stickkenntnisse haben, nähe einfach mit der Hand einige Linien in Form von einem Gesicht auf den Filz. *Wenn du das vor dem*

Ausschneiden der Kopfform machst, fusseln beim Sticken die Filzränder nicht so aus, und es lässt sich auch viel leichter sticken, wenn du etwas Zugabe zum Festhalten hast. Falls vorhanden, kannst du den Filz auch in einen kleinen Stickrahmen spannen.

3. Schneide alle Teile aus. *Zum Schneiden des dicken Filzes eignet sich ein Rollschneider* besonders gut.*

4. Suche für die Körperteile und Accessoires jeweils ein passendes Plätzchen auf einer der Grundformen und nähe sie in der richtigen Reihenfolge fest: Zuerst ggf. das Kopftuch, als Nächstes den Kopf, dann die Frisur, am Schluss die Punkte, wenn sie erwünscht sind. Dabei kann es hilfreich sein,

die Teile vorher mit Stecknadeln oder ein wenig Klebstoff zu fixieren. *Wenn du keine Lust hast, die einzelnen Elemente aufzunähen, fixiere sie komplett mit doppelseitigem Haftvlies* oder Textilkleber.*

5. Zu guter Letzt legst du die beiden Grundformen passgenau aufeinander und nähst sie an der Kante zusammen. Natürlich muss unten eine Öffnung für das Ei bleiben.

Tipp:

Für eine schlichtere Variante als die Eierfrauen nimmst du einfach nur die Grundform und verzierst sie mit ein paar Filzpunkten, anderen Formen oder Stickereien.

Buchmantel

Eine ganz besondere Hülle für dein Lieblingsbuch oder das deiner besten Freundin? Vielleicht möchtest du auch Opas abgewetzten Lieblingsroman zu seinem Geburtstag heimlich neu einkleiden?

1. Buch in Höhe und Breite (Deckel vorne, Rücken und Deckel hinten) ausmessen. In der Höhe 2cm dazugeben, damit der Buchmantel etwas höher wird als das Buch. In der Breite kommt je eine halbe Buchbreite für die Einstecktaschen (zum Einstecken des Buchdeckels) vorne und hinten dazu. Berechne darüber hinaus auf allen vier Seiten je 1cm Nahtzugabe.

2. Schneide den Stoff zweimal in der bei Schritt 1 bemessenen Größe zu. Aus diesen beiden Schnittteilen ergibt sich der Oberstoff (Außenseite) und das sogenannte Futter (Innenseite) deines Buchmantels. *Du kannst hierfür zweimal denselben Stoff verwenden oder zwei verschiedene Stoffe auswählen.*

3. Lege beide Stoffe rechts auf rechts übereinander und nähe sie mit der Nähmaschine rundherum 1cm von der Kante entfernt zusammen. Lasse dabei an einer der kurzen Seiten eine Öffnung (ca. 10cm) zum Wenden.

4. Wende den Buchmantel auf rechts und krempel ihn bis tief in die Ecken aus.

5. Lege die Kanten der Wendeöffnung glatt nach innen, um sie danach zu bügeln und von Hand zuzunähen.

6. Bügel rundherum die Kanten glatt. *Wenn du möchtest, steppst du sie zusätzlich so nah wie möglich am Rand entlang ab.*

7. Lege deinen Buchmantel mittig um das Buch. Schlage die beiden Überstände vorne und hinten um den Buchdeckel und stecke sie ab, sodass die Einstecktaschen entstehen. Nimm das Buch vorsichtig wieder heraus und bügel die eingeschlagenen Kanten.

8. Schließe die Kanten der Einstecktaschen per Hand oben und unten mit kleinen Stichen oder steppe sie mit der Nähmaschine knappkantig ab. Nun kannst du dein Buch wieder einlegen – fertig.

Tipp:

Wenn du zusätzlich etwas aufnähen möchtest, zum Beispiel eine kleine Tasche aus Klarsichtfolie (s. Foto) oder andere Applikationen, machst du das am besten vor dem Zusammennähen von Oberstoff und Futter (Schritt 3).

Wachstuch, Leder oder Filz eigenen sich besonders gut für eine schnelle Variante des Buchmantels, weil du dann keine Schnittkanten versäubern, sondern nur oben und unten die Kanten der Einstecktaschen schließen musst (Schritt 8).

Um auch ein Buch in einer anderen Größe einlegen zu können, schließt du nur die vordere Einstecktasche wie in Arbeitsschritt 8 beschrieben. Die hintere lässt du offen, dann ist die Hülle flexibel in Bezug auf Buchbreite und -dicke.

Du brauchst:

- Stoff (s. Schritte 1 und 2)
- Stecknadeln
- Nadel
- Garn
- Nähmaschine
- Bügeleisen
- Maßband

Bunte Botschaften

Gekaufte Briefumschläge und Karten findest du zu langweilig für Geburtstage, Urlaubspost, Gutscheine und Liebesbotschaften? Hier brauchst du zwar einen Standardumschlag, aber nur als Vorlage – das ist dann bestimmt auch der letzte, den du je verwendet hast! Und die Klappkarten passen genau in deine selbst gemachten Umschläge. Eine perfekte bunte Botschaft.

Briefumschlag:

- C6–Briefumschlag
- Pappe
- Cutter
- Falzbein* oder Besteckmesser
- schöne Papiere*
- Klebestift

*Tapete, Geschenkpapier, Zeitschriften, Zeitung, Landkarten, Ton- oder Packpapiere …

1. Öffne die Klebestellen am Briefumschlag vorsichtig. *Eventuell vorher in Wasserdampf über einen Wasserkocher oder Kochtopf halten, dann löst sich der Klebstoff besser.*

2. Lege den aufgefalteten Umschlag als Vorlage auf die Pappe und zeichne ihn nach.

3. Schneide mit dem Cutter die Umschlagschablone aus der Pappe.

4. Lege deine Schablone auf das gewünschte Papier, übertrage sie und schneide das Ergebnis ebenfalls aus.

5. Falte die ausgeschnittene Rohform wie den Umschlag, den du als Vorlage hast. Damit die Knicke an den richtigen Stellen verlaufen, ziehst du mit dem Falzbein oder Messerrücken an einem Lineal entlang Rillen in das Papier und faltest es anschließend. Klebe das Papier an den richtigen Stellen zusammen.

6. Der Umschlag ist fertig – das Oberteil wird natürlich erst verklebt, wenn der Brief oder die Karte schon darin liegt.

Tipp:

Mach ein richtiges kleines Kunstwerk aus deinem Umschlag und beklebe ihn mit bunten Papierschnipseln, Glanzbildern usw. Die *Radiergummistempel* (S. 90) eignen sich dafür auch ganz toll. Damit der Briefträger entziffern kann, an wen die Sendung geht, solltest du bei sehr bunten Umschlägen ein einfarbiges Adressfeld aufkleben.

Klappkarte:

- Fotokarton
- Klebestift
- Falzbein* oder Besteckmesser

Nach Belieben: bunte Papiere, Zeitungs- und Zeitschriftenschnipsel, Glanzbilder, dünne Stoffe, Bordüren, *Klebebänder* (S. 86), *Stempel* (S. 90) …

1. Schneide ein 14,8×21 cm großes Rechteck aus Tonkarton zu.

2. Falte den Tonkarton sorgfältig in der Mitte der langen Seite. Damit der Knick an der richtigen Stelle verläuft, ziehst du mit dem Falzbein oder Messerrücken an einem Lineal entlang eine Rille in das Papier und faltest es anschließend.

3. Beklebe, beschrifte oder bestempel deine Klappkarte, wie es dir gefällt. Und je nach Anlass. *Wenn du sehr dunklen Fotokarton verwenden willst, nimmst du für den Kartentext einfach ein weißes Blatt in gleicher Größe und legst es in die Karte ein.*

Starke Stifte

Entwirf ein Einzelstück oder eine komplette Kollektion aus ganz normalen, dicken Buntstiften. Die hängenden Troddeln, Perlen und Figuren ziehen nicht nur Blicke auf sich, sie fühlen sich beim Schreiben und Malen auch wirklich lustig an!

Du brauchst:

- dicken Buntstift
- Ahle* oder Nagel
- kleine Ringschraube*
- Sekundenkleber
- buntes Papier
- Klebestift
- Zwirn

Nach Belieben: Lackfarbe*, Perlen, Quasten, kleine Figuren, Glöckchen …

1. Kratze mit der Ahle oder dem Nagel vorsichtig die Mine am hinteren Ende des Buntstifts so weit heraus, dass du die Ringschraube hineinschieben kannst. Klebe sie gut mit Sekundenkleber fest. *Versuche nicht, die Ringschraube einfach nur von oben in den Stift einzudrehen, dann platzt er eventuell auf!*

2. Klebe mit dem Klebestift schöne Streifen aus Geschenkpapier oder Ähnlichem um den Buntstift. *Am besten dekorierst du nur das obere Drittel, damit der Buntstift sich weiterhin problemlos anspitzen lässt. Wenn du den Buntstift oder die Ringschraube zusätzlich einfärben möchtest, eignet sich Lackfarbe dafür sehr gut.*

3. Nun fehlen nur noch die angehängten Dekorationselemente: Ziehe Perlen, Quasten, Anhängerfiguren, kleine *Schlüsselblätter* (S. 112) oder Ähnliches auf ein Stück Zwirn und knote es an der Ringschraube fest.

Tipp:

Mit Klarlack* überzogen sind die aufgeklebten Papiere an deinem Stift besser vor Schmutz in der Federtasche oder an den Händen geschützt.

Kleine Notizhefte

Bastel dir kleine Notizhefte – blanko, liniert oder kariert, je nachdem, welchem Zweck dein Heftchen dienen soll. Zum Beispiel für Hausaufgaben oder Vokabeln, kleine Skizzen, deine Top-10-Listen und Lieblingsrezepte oder Pläne für die nächsten Ferien.

1. Teile das Schreibpapier in der Mitte, sodass du 8 Blätter in DIN A5 erhältst, und schneide auch den Tonkarton in dieser Größe zu. *Die Seitenmaße von DIN A5 sind 14,8 × 21 cm.*

2. Falte alle Bögen sorgfältig in der Mitte der langen Seite. Damit die Knicke an der richtigen Stelle verlaufen, ziehst du vor dem Falten mit dem Falzbein oder Messerrücken an einem Lineal entlang eine Rille in das Papier bzw. den Karton. Die 8 Blätter Schreibpapier bilden die Innenseiten des Hefts; der Tonkarton wird der Umschlag.

3. Lege die geöffneten Innenseiten flach und ordentlich übereinander und markiere dir 5 Punkte für die Fadenheftung im Knick der oben liegenden Seite – einen in der Mitte (bei 7,4 cm) und dann zu beiden Seiten dieser Markierung je zwei weitere jeweils im Abstand von 3 cm. Die gleichen Markierungen machst du auch innen entlang des Knicks auf dem Tonkarton.

4. Klappe den Stapel Innenseiten zu und richte ihn noch einmal sorgfältig aus. Öffne den Stapel in der Mitte wieder ein Stück weit, halte ihn fest und steche die Löcher für die Bindung vor: An jeder Markierung stichst du die Nadel ein und bohrst sie vorsichtig durch alle Papierseiten hindurch, sodass die Spitze an der unteren Seite ebenfalls auf dem Knick herauskommt.

5. Steche auch die Löcher auf dem Heftumschlag vor.

6. Lege den Umschlag um die Innenseiten. Fädel ein ausreichend langes Stück Zwirn auf die Nadel und nähe das Heft zusammen. Fange oben am Umschlag an, steche die Nadel vorsichtig durch die vorgebohrten Löcher nach innen und hefte durch alle Löcher im Falz entlang nach unten und wieder zurück nach oben. Verknote den Zwirn gut am Heftrücken. Lasse die beiden Enden so lang, dass du sie später als Lese- oder Dekobändchen verwenden kannst.

7. Klappe dein Heft zu und schneide mit dem Cutter alle Kanten, an denen Überstände der Innenseiten herausgucken, sauber und gerade ab. *Das Heft ist zu dick, um den Umschlag und die Innenseiten auf einmal zu schneiden. Gehe daher Schicht für Schicht mit dem Cutter am Lineal entlang.*

Tipp:

Wenn du möchtest, kannst du den Umschlag bekleben, beschriften oder bestempeln. Erstreckt sich deine Gestaltung über den Heftrücken, wie z.B. beim Bekleben des gesamten Umschlags mit Geschenkpapier, machst du das gleich im Anschluss an Schritt 2.

Verziere die Zwirnenden als Lese- oder Dekobändchen mit Troddeln, Perlen usw. Willst du auf die Bändchen verzichten? Dann solltest du mit der Fadenheftung (Schritt 6) von innen beginnen und die Nadel nach außen stechen. Der Zwirn wird dann im Heft und nicht am Rücken verknotet.

15:00 Reiten
Geschenk für Oma
basteln !

Du brauchst:

- 4 Blätter Schreibpapier (DIN A4)
- Tonkarton
- Cutter
- Falzbein* oder Besteckmesser
- Nadel
- Zwirn

Buntes Klebeband

Farbige und gemusterte Klebebänder verschönern Schulhefte, Geschenkverpackungen, Wäscheklammern, Blumentöpfe, Briefumschläge … Mit etwas Geduld sind sie sehr einfach selbst hergestellt und sehen aus wie gekauft – nur noch schöner.

*Geschenkpapier, Zeitschriftenseiten, Stadtpläne …

Soll es sehr schnell und einfach gehen, klebst du dein Motivpapier nur auf das doppelseitige Klebeband und schneidest die Streifen auf die gewünschte Breite. Aber wenn du es lieber „professionell" haben möchtest, gehst du wie folgt vor:

1. Klebe das transparente Klebeband glatt auf die Motivseite des Papiers und streiche es sorgfältig fest.

2. Lege es einige Stunden in kaltes Wasser. Wenn du nicht die ganze Zeit nachschauen willst, ob es endlich so weit ist, lässt du es einfach über Nacht einweichen.

3. Nun kannst du vorsichtig das aufgeweichte Papier mit der Fingerkuppe vollständig abrubbeln. Die Farbe bleibt dabei am Klebeband haften. Lege es zum Trocknen glatt hin (mit der abgerubbelten Seite nach oben) oder hänge es auf, z.B. an die Wäscheleine.

4. Danach musst du das erstellte „Motivband" nur noch auf doppelseitiges Klebeband auftragen und es gut feststreichen. Mit dem Cutter versäuberst du die Kanten bzw. schneidest das Band auf die gewünschte Breite.

5. Nun kannst du deine Motivklebebänder auf alte Garnrollen, um Abschnitte einer Papprolle oder Ähnliches wickeln.

Tipp:

Auch Laserkopien von eigenen Vorlagen sind sehr gut geeignet. So lassen sich sogar Aufkleber mit selbst gemalten Motiven herstellen (s. Foto).

Um größere Mengen zu machen, kannst du statt der Klebebänder auch transparente und doppelseitige Klebefolie nehmen und sie später zurechtschneiden.

An weißen Stellen des gemusterten Papiers bleibt keine Farbe am transparenten Klebeband haften, sodass es nach dem Trocknen an diesen Stellen auch wieder klebt. Wenn genügend weiße Stellen auf dem Papier waren, wie bei Notenblättern oder Zeitungsartikeln, kannst du es sofort (ohne doppelseitiges Klebeband) an die gewünschte Stelle kleben. Kaum zu glauben, aber wahr!

Runde Pinnwand

Du musst nicht sticken können, um etwas Bewundernswertes mit einem Stickrahmen anzustellen. In null Komma nichts hast du daraus eine Pinnwand gebastelt, mit der du rundum zufrieden sein kannst.

1. Schneide 2–3 Pappkreise so zu, dass sie genau in den inneren Ring des Stickrahmens passen. Klebe sie aufeinander, setze sie in den Ring ein und fixiere sie rundherum mit Klebstoff. Die Lagen dürfen nicht höher als der Rahmen sein und müssen auf einer Seite (vorne oder hinten) bündig mit dem Rand abschließen.

2. Wenn der Klebstoff getrocknet ist, legst du den inneren Ring mit der bündig geklebten Seite nach oben und platzierst den Stoff glatt und mittig darauf. Drücke den äußeren Ring darüber, ziehe den Stoff von hinten gleichmäßig stramm und drehe die Schraube fest zu. *Eventuell ziehst du mit einem Schraubendreher nach.*

3. Schneide die Stoffreste auf der Rückseite des Rahmens so knapp wie möglich mit dem Cutter ab. Gib Klebstoff in die Rille zwischen den beiden Ringen, um den Stoff zu fixieren.

4. Wenn du die Pinnwand nicht so, wie sie ist, an die Wand hängen willst, kannst du ein Band als Aufhänger an der Schraube des Stickrahmens befestigen.

Tipp:

Wähle einen Stoff mit großem Aufdruck, sodass ein einzelnes Motiv auf deiner Pinnwand zu sehen ist. Oder nähe mehrere Stoffe aneinander, steppe eine Borte auf (s. Foto) und bespanne dann erst den Stickrahmen damit. So wird deine Pinnwand auch ohne Fotos und Notizen ein ganz toller Wandschmuck.

Di. 15.⁰⁰
Schwimmen
mit Julia

Mathearbeit
am Freitag!

Samstag:
Kaffee bei
Omi

Du brauchst:

- Stickrahmen
- dicke Wellpappe
  (z.B. alten Umzugskarton)
- Stoff (in Rahmengröße)
- Cutter
- Alleskleber
- Pinns

Nach Belieben:
Band zum Aufhängen,
Notizen und Fotos

Radiergummistempel

Stempeln macht Spaß, erst recht mit selbst geschnitzten Motiven aus Radiergummis! Schneide einfach die Oberfläche eines Radiergummis an den Stellen weg, die nicht gestempelt werden sollen. Das, was stehen bleibt, ist dein Stempelmotiv.

Du brauchst:

- Transparentpapier
- glatten Radiergummi
- Cutter
- Linolschnittgarnitur•
- Stempelkissen

1. Zunächst benötigst du ein Motiv. Vielleicht hast du in einem Buch oder einer Zeitschrift etwas gesehen, das dir gefällt? Oder du entwirfst es selbst. Bedenke, dass es nicht größer sein darf als der Radiergummi und nicht zu viele Details haben sollte. *Wähle für den Anfang ein einfaches Motiv.*

2. Lege ein Stück Transparentpapier auf dein Motiv und zeichne es mit einem spitzen, weichen Bleistift nach.

3. Drehe das Transparentpapier um und lege es mit der Zeichnung nach unten auf den Radiergummi. Reibe die Zeichnung mit dem Fingernagel oder dem oberen Ende des Bleistifts auf die Radiergummioberfläche durch. Das Motiv ist dort jetzt spiegelverkehrt abgebildet, das ist richtig so. *Wenn du es dir zutraust, kannst du auch frei Hand auf den Radiergummi zeichnen. Bedenke aber besonders bei Schriftelementen, dass es spiegelverkehrt aufgemalt werden muss.*

4. Um ein Gefühl für die Schneidewerkzeuge zu bekommen, probierst du außerhalb deines Motivs am Radiergummirand aus, wie der Cutter und die verschiedenen Linolmesser (besonders die U- und V-förmigen Klingen) auf dem Radiergummi schneiden. Schnitze anschließend die Radiergummioberfläche mit diesen Werkzeugen rund um deine Zeichnung weg. Wenn der Radiergummi viel größer ist als dein Motiv, schneidest du ihn ringsherum mit dem Cutter kleiner. *Manchmal ist es hilfreich, nicht den Cutter auf dem Radiergummi zu führen, sondern den Radiergummi unter dem angesetzten Cutter zu bewegen.*

5. Wenn dein Motiv feine Details im Inneren hat, schneidest du sie erst zum Schluss aus. *Dein fertiger Stempel ist voll mit Gummifusseln? Spüle ihn unter fließendem Wasser ab und lasse ihn gut trocknen.*

6. Färbe den Stempel auf dem Stempelkissen ein und mache einen Probeabdruck. So kannst du sehen, ob du noch Korrekturen vornehmen musst.

Tipp:

Reinigen kannst du deinen Stempel einfach unter fließendem Wasser.

Schablone (herstellen und verwenden)

Schablonen eignen sich zur Gestaltung verschiedenster Untergründe: Papier, Wände, Holz, Textilien… Besonders praktisch sind sie, wenn dein Motiv mehrfach zum Einsatz kommen soll, zum Beispiel für eine Bordüre an deiner Zimmerwand oder auf T-Shirts für dich und deine Freundinnen.

Schablone herstellen:

- normales Blatt Papier
- Cutter

Beim Herstellen einer Schablone schneidest du ein Motiv innen aus einer laminierten• Papiervorlage heraus. Das Gerüst, das anschließend um das Motiv herum stehen bleibt, bildet die Schablone. An diese Stellen gelangt beim Schablonieren keine Farbe. Damit die Schablone richtig funktioniert, muss das Motiv bzw. jeder Motivausschnitt von der laminierten Vorlage umschlossen sein, es darf also keine frei stehenden Elemente enthalten.

1. Überlege dir ein Motiv oder suche dir etwas Passendes aus einer Zeitschrift oder Ähnlichem heraus und zeichne bzw. übertrage es mittig auf ein Blatt Papier. *Bedenke, dass du das Motiv später mit dem Cutter ausschneiden musst. Gerade Linien lassen sich dabei leichter meistern als geschwungene. Wähle für deine erste Schablone lieber ein einfaches Motiv. Je kleinteiliger es ist, desto aufwendiger wird das Ausschneiden.*

2. Lasse das Papier mit dem Motiv im Copyshop laminieren. *Durch die Folie oben und unten wird deine Schablone stabiler und weicht beim Kontakt mit der Farbe nicht so schnell auf.*

3. Schneide mit dem Cutter das Motiv bzw. die einzelnen Motivteile aus.

4. Lege deine Schablone zur Kontrolle auf einen dunklen Untergrund und prüfe, ob du alle Teile wie geplant ausgeschnitten hast. Korrigiere kleine Unfeinheiten, falls notwendig.

Tipp:

Eine ganz schnelle Schablonen-Variante: Tortenspitze aus dem Drogeriemarkt. Klebe sie einfach rundherum mit Kreppklebeband auf die zu gestaltende Unterlage und tupfe die Farbe auf (s. Foto oben rechts).

Das Schablonieren:

- Kreppklebeband•
- Schablonierpinsel oder Schwämmchen
- Farbe (je nach Untergrund)
- Lappen

1. Lege die fertige Schablone auf das Objekt, das du mit dem Motiv versehen willst, und fixiere sie mit Kreppklebeband. *Es lässt sich von allen Untergründen gut wieder entfernen – wenn du es mit dem Föhn leicht erhitzt, löst es sich sogar von Papier. Du kannst aber auch Schablonen-Haftspray aus dem Bastelbedarf verwenden.*

2. Tupfe die Farbe (z. B. Textilfarbe für Textilien) in leicht kreisenden Bewegungen mit einem Schablonierpinsel oder einem Schwämmchen vorsichtig von oben auf.

Die Farbe darf nicht zu flüssig sein. Nimm nicht zu viel davon auf den Pinsel oder das Schwämmchen, damit nichts unter die Ränder der Schablone läuft. Wenn du Sprühfarbe benutzt, brauchst du natürlich weder Pinsel noch Schwämmchen.

3. Anschließend nimmst du die Schablone vorsichtig ab und reinigst sie möglichst zügig, aber behutsam – am besten mit einem trockenen Lappen, damit die Lamination nicht aufspringt. Falls notwendig, feuchtest du ihn ein wenig an.

Bunte Stofftasche

Aus einem schlichten Leinenbeutel oder einer Baumwolltasche kannst du schnell und ohne Nähmaschine, Nadel oder Faden eine tolle bunte Tasche zaubern!

Du brauchst:

- Leinenbeutel
- Bastelfilz
- doppelseitiges Haftvlies•
- Bügeleisen

1. Such dir für deinen Leinenbeutel ein Motiv aus, das dir gefällt. *Falls Werbung auf dem Beutel ist, sollte dein Motiv so groß sein, dass der Aufdruck darunter verschwindet.*

2. Bügel das doppelseitige Haftvlies in ausreichender Größe laut Herstellerhinweis auf den Filz. Zeichne anschließend dein Motiv auf das Haftvlies-Papier. *Bei diesen Arbeitsschritten musst du spiegelverkehrt arbeiten, da das Haftvlies-Papier auf der Seite vom Filz ist, die später auf deine Tasche gebügelt wird.*

3. Schneide die einzelnen Teile aus und ziehe das Trägerpapier vom Haftvlies ab. *Wenn du eine Zackenschere• besitzt, kannst du damit tolle Effekte erzielen (s. Wellen auf dem Foto).*

4. Füge die Filzteile auf dem Leinenbeutel zu deinem Motiv zusammen und bügel es laut Haftvlies-Herstellerhinweis fest.

Achtung! Sei vorsichtig mit dem heißen Bügeleisen und lass es nicht unbeaufsichtigt stehen!

Etagere

Mit altem Glas- oder Porzellangeschirr von Oma, vom Dachboden, aus dem Keller oder vom Flohmarkt, in zwei oder in drei Ebenen – je nach Geschmack – kannst du eine ausgefallene Etagere basteln. Sie eignet sich für Gebäck, Obst, Schmuck oder Krimskrams.

Du brauchst:

- Ablageebenen*
- Verbindungsstücke*
- Zweikomponentenkleber*

* Kuchenplatte, Essteller, Frühstücksteller, Untertasse ...

* Eierbecher, Tasse, Glas, Schälchen, kleine Vase, Kerzenständer ...

1. Alle Teile müssen staub- und fettfrei sein. Reinige sie gründlich und lasse sie komplett trocknen. *Wenn dir das Porzellan und Glas aus Omas Keller nicht gefällt, gestalte es mit Porzellanfarbe oder Klebefolie nach deiner eigenen Vorstellung um.*

2. Stapel deine Teller und Verbindungsstücke übereinander. Tausche eventuell hin und her, bis dir die Reihenfolge gefällt. *Wenn du verschieden große Teller benutzt, solltest du sie nach oben hin kleiner werden lassen, damit die Etagere einen festen Stand hat.*

3. Richte alle Teile mittig aus und markiere die Positionen der Verbindungsstücke mit Bleistift auf den Tellern. Merke dir die Reihenfolge und nimm den Geschirrstapel wieder auseinander.

4. Trage den Kleber auf die Verbindungsstücke auf und füge die Etagere an den Markierungen zusammen. Lasse alles gut trocknen. *Es kann sinnvoll sein, in Etappen zu arbeiten und den Kleber zwischendurch trocknen zu lassen!*

Tipp:

Soll deine Etagere auf einem Sockel stehen? Beginne mit einem der Verbindungsstücke (Kerzenständer, Schälchen ...) als Fuß. Er sollte unbedingt einen sicheren Stand haben!

Als krönenden Abschluss kannst du oben auf deine Etagere eine Figur stellen: eine Ballerina, ein Schiff, eine Spielfigur usw. Sie muss nicht unbedingt festgeklebt werden, sodass du die Etagere mal mit und mal ohne Figur verwenden kannst.

Krimskrams Glas

Ob auf dem Schreibtisch, im Badezimmer oder in der Küche – kleine Dinge, die sinnlos herumliegen und verloren gehen können, finden sich in jedem Zimmer. Aus einem leeren Senf- oder Einmachglas und einer Spielfigur entsteht ein Deko-Glas für Haarspangen, Büroklammern, Gummibänder und anderen kleinen Krimskrams, ohne dass du dafür viel Basteltalent haben musst.

Du brauchst:

- Glas mit Schraubdeckel
- Spiel- oder Setzkastenfigur
- Heißklebepistole*
- Sprühlack*

1. Reinige Glas, Deckel und Figur gründlich und lasse sie gut trocknen. *Um Etiketten rückstandslos zu entfernen, weichst du Glas und Deckel einige Zeit in warmem Wasser ein.*

2. Klebe die Figur mit Heißkleber auf den Deckel.

3. Lackiere den Deckel und die angeklebte Figur mit Sprühlack. Dabei sollte keine Farbe in das Innere des Deckels gelangen – sprühe ihn nur von oben und seitlich an. *Wenn du sichergehen willst, dass deine Figur auch von unten einen gleichmäßigen Anstrich bekommt, sprühst du ihre Unterseite farbig an, bevor du sie auf den Deckel klebst.*

Tipp:

Zur weiteren Dekoration eignen sich Borten und Zierbänder, die einfach angeklebt werden, oder die *Bunten Klebebänder* (S. 86).

Klebe einige Stellen des Glases mit Kreppklebeband* ab und sprühe es dann ebenfalls mit Lack an. Nach dem Trocknen ziehst du das Kreppklebeband vorsichtig wieder ab – so entstehen tolle gemusterte Gläser, die nur teilweise durchsichtig sind (s. Foto).

Soll dein Krimskrams-Glas etwas eleganter werden? Klebe es auf einen Sockel (s. Foto: Glas mit rotem Deckel). Alte Kerzenständer eignen sich dafür besonders gut. Einfach farbig ansprühen und anschließend mit Heißkleber am Glasboden festkleben!

Geheimfach im Buch

Jeder braucht einen Ort für Liebesbriefe oder andere Kleinigkeiten, die nur für einen selbst bestimmt sind. Ein Geheimfach in einem dicken Buch ist ideal dafür, selbst wenn das Buch ganz offensichtlich im Bücherregal steht. Vielleicht solltest du als „Geheimniswahrer" nicht gerade den absoluten Bestseller wählen, den sich alle ausleihen wollen. Je langweiliger, desto besser. Bestimmt findest du im Keller, auf dem Dachboden oder dem Flohmarkt einen „alten Schinken", für den sich außer dir niemand mehr interessiert.

1. Lege die Größe des Fachs (je nach Buchgröße) fest und zeichne es mittig auf eine der ersten Buchseiten, dort, wo dein Fach beginnen soll. *Plane dein Geheimfach nicht zu groß, das Ausschneiden wird schwieriger, wenn der Abstand an den Rändern zu gering ist.*

2. Jetzt schneidest du mit dem Cutter das Fach etappenweise aus den Buchseiten, bis du die gewünschte Tiefe erreicht hast. Das ist etwas mühselig und dauert seine Zeit. Arbeite dennoch langsam und vorsichtig. *Willst du sichergehen, dass du nicht zu tief ritzt? Lege während des Ausschneidens an der Stelle, an der das Fach enden soll, eine dickere Pappe in das Buch.*

3. Lege ein Stück Backpapier hinter der ersten Seite des Geheimfachs ordentlich in das ausgehöhlte Buch. Damit schützt du den vorderen Buchdeckel und die ersten Seiten vor Leim. Verdünne den Leim mit etwas Wasser, damit er sich leicht auftragen lässt und ein Stück weit zwischen die Buchseiten fließen kann.

4. Jetzt bestreichst du das geschlossene Buch (hinter der Trennung mit dem Backpapier) an allen drei Seiten des Buchblocks sorgfältig mit dem verdünnten Leim und beschwerst es von oben, damit sich die Seiten beim Trocknen nicht wellen.

5. Wenn alles gut durchgetrocknet ist, bestreichst du auch die Innenseiten (Schnittflächen) des Geheimfachs mit dem verdünnten Leim und beschwerst das geschlossene Buch erneut während des Trockenvorgangs. *Auch bei diesem Arbeitsschritt das Backpapier an der beschriebenen Stelle lassen bzw. einlegen.*

6. Sollten die Seiten noch nicht alle gut miteinander verklebt sein, wiederholst du die Arbeitsschritte 4 und 5.

7. Zum Schluss entfernst du das Backpapier und klebst die erste Seite des Geheimfachs mit dem Klebestift sauber als Deckblatt auf dem Buchblock fest. (Zum letzten Mal beschweren und trocknen lassen.)

Tipp:

Wenn du das Geheimfach noch geheimer machen möchtest, lässt du ca. 20–30 Seiten unberührt und fängst dann erst an, das Buch auszuhöhlen. So kannst du vortäuschen, ein langweiliges Buch zu lesen, wenn dich jemand beim Sortieren oder Bestaunen deiner Schätze ertappt.

Ist das Herausschneiden des Geheimfachs nicht so gut gelungen, wie du es dir erhofft hast? Male es innen einfach an oder kleide es mit Stoff oder Tonpapier aus.

Du brauchst:

- dickes Buch mit festem Einband
- Cutter
- transparent trocknenden Leim
- Backpapier
- Pinsel
- Klebestift

Schatzbeutel

Ob Kleingeld, Schmuck, Muscheln oder Steine aus dem letzten Urlaub, dieser Lederbeutel ist der perfekte Aufbewahrungsort dafür. Außerdem eignet er sich wunderbar als Geschenkverpackung und ist ganz schnell gebastelt.

Du brauchst:

- Essteller als Vorlage
- Leder (in Größe des Tellers)
- Lochzange*
- Lederband, feine Kordel oder Schnürsenkel

Nach Belieben: Knöpfe, Perlen oder kleine Lederstücke

1. Lege den Essteller auf die Rückseite des Leders, zeichne die Kreisform mit einem Kugelschreiber nach und schneide sie aus.

2. Stanze mit der Lochzange 12 Löcher im Abstand von ca. 2cm zur Kante rings um den Lederkreis herum. Achte darauf, dass die Löcher ungefähr den gleichen Abstand zueinander haben.

3. Jetzt fädelst du jeweils im Wechsel von außen nach innen das Band, das du dir ausgesucht hast (Lederband, Kordel oder Schnürsenkel), durch die Löcher, sodass sich schließlich beide Enden auf der Außenseite des Beutels befinden. *Das Band sollte länger als der Kreisumfang sein, damit du den Beutel komplett öffnen kannst.*

4. Zum Schluss ziehst du den Beutel mit dem Band zu und verknotest die Bandenden miteinander. Oder du fädelst Perlen, Knöpfe oder kleine Lederstückchen auf (s. Foto), damit sie nicht wieder aus den Löchern rutschen.

Tipp:

Wenn du größere oder kleinere Beutel basteln möchtest, variierst du einfach die Größe der Vorlage und passt die Anzahl der Löcher und den Abstand zwischen ihnen entsprechend an. Achte dabei immer darauf, dass du eine gerade Anzahl von Löchern stanzt.

Gestalte auch die Innenseite des Beutels, indem du vor dem Ausschneiden ein Stück Stoff mit doppelseitigem Haftvlies* auf die Rückseite des Leders bügelst.

Schatzbeutel kannst du auch aus Filz oder Wachstuch machen, weil diese Materialien – ebenso wie Leder – nicht ausfransen.

Pappteller-Rahmen

Mit etwas Farbe verwandelst du jeden einfachen Pappteller in einen stilvollen Bilderrahmen. Runde Teller für Kuchen, Kartoffelsalat & Co sowie eckige Bockwurstteller, einfach alle Formen und Größen eignen sich für deine eigene Bildergalerie.

Du brauchst:

- Pappteller
- Acrylfarbe
- Pinsel
- Klebestift
- Motiv
- selbstklebender Bildaufhänger

Nach Belieben: Tortenspitze, Schleifenbänder, Klebeband

1. Male den Pappteller an – falls notwendig, auch in mehreren Schichten übereinander. Lasse die Farbe trocknen.

2. Schneide dein Motiv auf die passende Größe zurecht.

3. Wenn du deinen Rahmen mit Tortenspitze verzieren möchtest, klebst du sie als Erstes an die gewünschten Stellen. Falls nicht, kannst du gleich das Bild oder Foto einkleben.

4. Nachdem du deinen Bilderrahmen bestückt hast, drehst du ihn um und klebst den Bildaufhänger hinten fest.

5. Möchtest du noch Dekobänder verwenden (s. Foto)? Sie können einfach auf der Rückseite mit Klebeband befestigt werden.

Tipp:

Natürlich eignet sich dein umgestalteter Pappteller ebenso wie der *Recycling-Rahmen* (S. 106) nicht nur für einfache Bilder und Fotos, sondern auch für Zeichnungen, Collagen, Glanzbilder, Sprüche …

Recycling-Rahmen

Schraubdeckel von leeren Marmeladen-, Senf- und Gurkengläsern solltest du nicht in den Müll werfen – daraus kannst du schöne kleine Bilderrahmen für Fotos, Postkartenausschnitte, Glanzbilder, Sprüche oder Zeichnungen und andere Kunstwerke machen.

Du brauchst:

- Schraubdeckel
- Sprühlack•
- Motiv
- Alleskleber
- Stoffband

1. Reinige den Schraubdeckel gründlich und lasse ihn gut trocknen. *Um das Etikett rückstandslos entfernen zu können, weichst du ihn einige Zeit in warmem Wasser ein.*

2. Sprühe den Deckel von beiden Seiten mit Sprühlack an.

3. Wenn der Lack getrocknet ist, schneidest du dein Motiv auf die Größe des Schraubdeckels zu und klebst es ein. *Du kannst einfach den Deckel selber als Schablone benutzen, um dein Bild einzupassen.*

4. Lege ein Stück Stoffband doppelt und klebe es so auf der Rückseite des Deckels fest, dass oben eine Schlaufe zum Aufhängen entsteht. Die Enden schneidest du ab oder lässt sie als Dekoration unten heraushängen (s. Foto).

Tipp:

Male Muster auf den einfarbig angesprühten Schraubdeckelrand oder beklebe ihn mit bunten Papierstückchen und Klebebändern. Ein ganz besonderer Blickfang wird dein Deckelrahmen, wenn du ihn zusätzlich mit kleinen Figuren, Zweigen oder Ähnlichem schmückst.

Flinker Fächer

Für heiße Tage, ein Kostümfest oder einfach nur, weil er schön ist, einen Papierfächer kannst du ganz schnell falten. Einfarbig, oder bunt, passend zum Sommeroutfit oder deiner Verkleidung. Außerdem eignet sich die Ziehharmonika-Faltung für zahlreiche weitere Bastelarbeiten.

1. Schneide dein Papier auf 26×30 cm zu.

2. Lege das Papier mit der längeren Seite nach unten vor dich auf eine glatte Fläche und knicke es in der Mitte, als würdest du ein Buch zuklappen. Öffne den Bogen anschließend wieder.

3. Jetzt faltest du das Papier sorgfältig wie eine Ziehharmonika. Dazu knickst du an der langen Seite einen Streifen von 1 cm nach oben um und streichst die Kante mit dem Finger zu einem scharfen Knick. Dann wendest du das Papier (mit der Oberseite nach unten) und faltest wieder 1 cm nach oben, wieder wenden – falten, wenden, falten. Das führst du so lange fort, bis das ganze Papier gefaltet ist. Wenn etwas übrig bleibt, schneidest du es einfach ab. *Nimm Lineal und Bleistift, um vor dem Falten Markierungen auf das Papier zu zeichnen.*

4. Damit das gefaltete Papier zusammengehalten wird, wickelst du ein Stück Garn um die Mitte und knotest es fest. Die Garnenden schneidest du ab.

5. Als Dekoration legst du noch einige längere Bänder oder Wollfäden um die Mitte und verknotest sie oder hältst sie mit einer großen Perle zusammen, die du über alle Bänder und Fäden ziehst. *Die Perlen aus Papier (S. 122) eignen sich dafür ganz toll, weil du sie aus demselben Material wie den Fächer herstellen kannst.*

6. Auf der oberen Seite der Ziehharmonika klebst du den letzten Streifen rechts und links von Garnwicklung und Dekobändern zusammen. Wenn der Kleber getrocknet ist, kannst du alles richtig schön auffächern.

Tipp:

Für eine blumen- oder sternförmige Kante schneidest du an den kurzen Seiten des gefalteten Papiers je eine Ecke rund oder schräg weg – immer nur zwei oder drei Falten gleichzeitig, die gesamte Faltung auf einmal schafft die Schere nicht.

Wenn dein Fächer aussehen soll wie der auf dem Foto, nimmst du einen einfarbigen Bogen Papier als Untergrund und klebst vor dem Falten rechts und links parallel zur Kante der beiden kürzeren Seiten je einen Streifen gemustertes Papier (ca. 9 cm breit) darauf.

Du brauchst:

- buntes Papier
- Garn
- Klebestift

Nach Belieben:
Wolle, Bänder, Perlen

Filzbrosche

Langweiliges, einfarbiges T-Shirt? Spießige Bluse? Kein Problem, es sollen ja ohnehin alle nur auf deine neue Brosche schauen.

Du brauchst:

- dicken Bastelfilz (3mm stark)
- Bastelfilz (1mm stark)
- Nadel
- Garn
- Sicherheits- oder Broschennadel

Nach Belieben: Bastelfilz, Knöpfe, Perlen, kleine Anhänger und Spielfiguren, Textilkleber

1. Beliebige Grundform aus dickem Bastelfilz schneiden. *Da der dicke Filz schwer zu schneiden ist, eignen sich einfache Formen. Wenn du einen Rollschneider* besitzt, hilft er dir beim Ausschneiden.*

2. Besticke oder beklebe die Grundform nach Belieben mit Schmuckelementen. Oder du nähst Perlen und Knöpfe darauf. *Die Rückseite der Grundform wird später kaschiert, du musst dir also beim Sticken und Annähen der Dekoration nicht den Kopf zerbrechen wegen der unschönen Nähte und Knoten.*

3. Aus dem dünneren Bastelfilz schneidest du ein zweites Mal die Grundform in der exakt gleichen Größe zu.

4. Nähe die Sicherheits- oder Broschennadel mit einigen Stichen auf die Rückseite dieser zweiten Grundform. *Wenn du nicht ganz sicher bist, wie das aussehen soll, schaue hinten auf dem Buch nach. Dort ist die Rückseite einer Brosche abgebildet.*

5. Klebe oder nähe die beiden Grundformen aneinander.

Tipp:

Ein *Drahtstern* (S. 46) aus feinem Silberdraht und kleinen Perlen eignet sich sehr gut als Schmuckelement für deine Brosche.

Statt des dicken Bastelfilzes kannst du auch ein Stück Leder oder die Stoffrosette der *Schmuckspange* (S. 124) als Grundform für deine Brosche nehmen.

Schlüsselblätter

Schlüsselanhänger aus Filz gibt es in vielen kleinen Läden zu kaufen, aber warum nicht mal selbst welche machen? Diese Schlüsselblätter kommen vor allem an einem Schlüsselbrett in Baumform zur vollen Geltung.

*Du kannst die Blattadern mit der Hand oder mit der Nähmaschine aufnähen.

Du brauchst:

- dicken Bastelfilz (3mm stark)
- Garn
- Nadel*
- Lochzange•
- Ösen und Ösenzange•
- Schlüsselring

Nach Belieben: Bastelfilz (1mm stark), Textilkleber

1. Schneide ein Blatt aus dickem Filz aus, ähnlich wie auf dem Foto auf dieser Seite. Oder du erfindest einfach eine eigene Blattform. *Da der Filz sehr dick ist, eignet sich ein Rollschneider• zum Schneiden.*

2. Schneide, wenn dir das gefällt, zusätzlich noch eine etwas kleinere Form aus normalen Filz aus (s. Foto). Klebe sie auf dein Blatt.

3. Nähe die Blattadern auf. *Du kannst statt des normalen Garns auch Knopflochseide oder Stickgarn verwenden.*

4. Jetzt knipst du mit der Lochzange ein Loch in die Rundung des Blatts (ca. 5mm vom Rand entfernt).

5. Drücke die Metallöse in das Loch und kneife sie mit der Ösenzange fest.

6. Stemme den Schlüsselring auf und ziehe ihn durch die Öse. *Gehe dabei sehr sorgfältig vor, damit der Filzrand nicht im Ring eingeklemmt wird.*

Tipp:

Als Schlüsselbrett eignet sich sowohl ein einzelner Ast als auch mehrere Zweige, die du mit kleinen Nägeln oder reißfestem Band zu einer Baumform verbindest. Wenn dein Schlüsselbaum etwas bunter werden soll, wickelst du noch farbige Wolle darum (s. *Deko-Ast*, S. 60).

Natürlich musst du nicht unbedingt Blätter als Schlüsselanhänger herstellen. Allerdings solltest du einfache Formen wählen, da sich der dicke Filz relativ schwer schneiden lässt.

Knopf am Band

Wenn du dich auf einen schönen Abend mit deinen Freunden vorbereitest und in wenigen Sekunden ein neues Schmuckstück herstellen möchtest, ist der Knopf am Band – an Hals und Hand – genau das Richtige für dich.

Du brauchst:

- Knopf
- Baumwoll- oder Lederband

Zweilochknopf-Halskette:

Nimm einen Zweilochknopf und ziehe je ein Ende des Bands in gewünschter Kettenlänge von der Knopfrückseite aus ein Stück weit durch die Löcher. Dabei entsteht eine Schlaufe, durch die du beide Bandenden fädelst und sie am Schluss stramm ziehst. Jetzt kannst du dir deine Knopfkette einfach um den Hals knoten. *Alternativ bringst du Kettenverschlüsse an.*

Vierlochknopf-Armband:

Nimm einen Vierlochknopf und zwei Bänder in gewünschter Länge. Verfolge die Anleitung für die Halskette zweimal. Dann hast du links und rechts vom Knopf je zwei Enden eines Bands, die du um dein Handgelenk knoten kannst. *Alternativ bringst du auch hier Kettenverschlüsse an.*

Knopfkette

Etwas aufwendiger, aber auch viel schillernder als der *Knopf am Band* (S. 114) ist dieser Hals-schmuck, der mit Sicherheit für Aufmerksamkeit sorgt.

Wie lang deine Kette wird, hängt nicht nur davon ab, welche Länge du gerne hättest, sondern natürlich auch davon, wie viele Knöpfe und Perlen dir zur Verfügung stehen. Da die Knöpfe auf der Bastelsehne übereinandergeschoben werden, kannst du im Vorfeld nicht errechnen, wie viel Zentimeter du mit deinen Knöpfen bestücken kannst. Daher musst du die Länge der Bastelsehne großzügig bemessen – kürzen kannst du später immer noch, anflicken wird eher schwierig.

1. Fädel ein Stück Bastelsehne in 100cm Länge auf die Nadel, ziehe eine kleine Perle auf und knote sie 30cm vor dem Ende, also nach 70cm, mit einem Doppelknoten fest. Durch den 30-cm-Überstand kannst du später deine Perlen so aufziehen, dass die Knöpfe wirklich mittig auf der Kette sitzen.

2. Ziehe den ersten Knopf auf die Sehne. Dazu stichst du mit der Nadel von unten durch eines der Löcher nach oben durch den Knopf und durch das zweite Loch wieder herunter. Schiebe den Knopf stramm gegen die angeknotete Perle. Bei vierlöch-rigen Knöpfen fädelst du die Sehne einfach durch zwei diagonal gegenüberliegende Löcher.

3. Damit die Knöpfe sich schuppenartig übereinanderlegen, durchstichst du den zweiten Knopf mit der Nadel genau andersherum als den ersten, also in diesem Fall von oben durch ein Loch nach unten und durch das andere wieder hoch. Schiebe ihn gegen den ersten Knopf, dann siehst du, dass er sich teilweise darunterschmiegt.

4. Entscheide selbst, ob der jeweils folgen-de Knopf sich über oder unter den vorheri-gen fügen soll. Soll er obenauf sitzen, fädelst du ihn wie den ersten von unten auf. Soll er unterhalb liegen, fädelst du ihn von oben auf (wie den zweiten). Schiebe und drehe die einzelnen Knöpfe nach dem Auffädeln je-weils so hin, wie sie dir am besten gefallen. *Manche Knöpfe sehen auch von der Rückseite ganz schön aus.*

5. Wenn du alle Knöpfe aufgezogen hast, fädelst du wieder eine kleine Perle auf, schiebst sie stramm gegen den letzten Knopf und knotest sie dort auf der Sehne fest, damit die Knöpfe sich nicht verschie-ben können.

6. Ziehe nun weitere Perlen gleichmäßig rechts und links von den „Knopfschuppen" auf die Sehne, bis die gewünschte Länge der Kette erreicht ist, und befestige den Kettenverschluss.

Tipp:

Wenn du nur wenige Perlen und Knöpfe hast, kannst du statt der Halskette natürlich auch ein Armband machen.

Du brauchst:

- Bastelsehne•, ø 0,25mm
- Nadel
- Knöpfe
- Perlen
- Kettenverschluss

Knopf im Haar

In zwei Minuten die Frisur aufgepeppt mit Material, das wohl in fast jedem Haushalt aufzutreiben ist.

Du brauchst:

- Haarklammer
- Knopf
- Nadel
- Garn
- Sekundenkleber

1. Positioniere deinen Knopf (über dem Bogen) auf der Haarklammer und nähe ihn mit einigen Stichen fest.

2. Verknote den Faden gut an der Knopfunterseite, schneide ihn aber noch nicht ab.

3. Lege das Ganze auf die Vorderseite des Knopfes und gib vorsichtig einen kleinen Tropfen Sekundenkleber auf den Knoten.

4. Wenn der Kleber trocken ist, schneidest du die Fadenenden ab. Jetzt heißt es „Ab in die Frisur!". Dein *Knopf im Haar* ist fertig!

Tipp:

Es kann besonders toll aussehen, wenn du zwei bis drei Knöpfe in verschiedenen Größen übereinander stapelst (s. die grün-weiße Haarklammer auf dem Foto).

Statt des Knopfs kannst du auch ein schönes Stück Leder oder Filz auf der Haarklammer befestigen.

Knopfkragen
zum Wenden Bastelbogen 8

Wenn es mal keine Kette sein soll, kannst du dir diesen ganz besonderen Wendekragen um den Hals legen. Wetten, dass ihn alle bewundern werden, von vorne und von hinten?

1. Schneide die beiden Kragenteile und die Schmetterlinge und Käfer, die dir am besten gefallen, aus.

2. Um die beiden Kragenhälften verbinden zu können, stanzt du an den vier Kreismarkierungen Löcher mit der Lochzange in die schmalen Enden.

3. Klebe den Knopf mit Sekundenkleber auf die Versandtaschenklammer und stecke die biegbaren Metallstifte durch die beiden unteren Löcher der Kragenhälften. Die Klammer mit dem Knopf dient als Verschluss; der Kragen kann damit geöffnet und verschlossen werden. *Wenn du willst, ziehe vor dem Aufkleben einen Faden durch die Knopflöcher und verknote ihn auf der Rückseite – dann sieht der Knopf aus, als wäre er tatsächlich angenäht.*

4. Durch die beiden oberen Löcher der Kragenteile fädelst du Zwirn in gewünschter Länge und verknotest die Enden miteinander. *Du kannst auch Perlen auf den Zwirn fädeln.*

5. So schlicht ist dein neues Schmuckstück schon fertig. Um die Schmetterlinge und Käfer als auswechselbare Anstecker verwenden zu können, klebst du mit Sekundenkleber ein Druckknopfteil – das mit dem Stift – mittig auf jeden ihrer Körper.

6. Kleine Löcher für die Anstecker stanzt du am besten in die größeren Blüten auf deinem Kragen. Stecke den Druckknopfstift am Schmetterling oder Käfer durch eines dieser Löcher und befestige ihn mit dem Druckknopf-Gegenstück von hinten. *Wenn du den Kragen andersherum tragen möchtest, nimmst du einfach den Verschluss und die Schmuckelemente ab und montierst sie von der anderen Seite.*

Tipp:

Statt der Druckknöpfe eignen sich auch kleine, starke Magnete, um die Schmuckelemente zu befestigen. Das hat den Vorteil, dass du keine zusätzlichen Löcher in den Kragen stanzen musst und die Anstecker dann sogar an jedem Kleidungsstück tragen kannst.

Soll dein Kragen etwas länger halten? Klebe vor dem Ausschneiden auf beide Seiten des Bastelbogens selbstklebende Folie. Allerdings hält der Sekundenkleber auf der Folie nicht wirklich gut. Raue sie deshalb an den Klebestellen vor dem Aufkleben der Druckknöpfe oder Magnete leicht mit Schmirgelpapier an.

Du brauchst:

- Bastelbogen 8
- Lochzange•
- Knopf
- Versandtaschenklammer•
- Sekundenkleber
- Zwirn
- Druckknöpfe, ø 7mm

Perlen aus Papier

Perlen ganz und gar aus Papier? Das geht nicht nur schnell und mühelos, es sieht auch noch toll aus. Knallbunte Schmuckstücke aus alten Zeitschriften oder schlichte aus einfarbigem Tonpapier, sogar goldene und silberne Perlen sind leicht gemacht.

1. Schneide das Papier in ca. 30 cm lange Streifen, die an einem Ende etwa 2 cm breit sind und am anderen Ende spitz zulaufen. Sie sollten aussehen wie die lang gezogenen roten und grünen Dreiecke auf dieser Seite. *Zeichne dir Schneidemarkierungen auf das Papier, dann musst du die Streifen nur noch mit dem Cutter ausschneiden.*

2. Damit die beiden Ecken am breiten Ende des Streifens später nicht aus der Perle herausstehen, schneidest du jeweils ein kleines Stückchen davon schräg ab. Oder du lässt die langen Seiten des Streifens beim Ausschneiden zunächst 2–3 cm parallel verlaufen, bevor du ihn in Dreieckform bringst.

3. Wickel den Papierstreifen von der breiten Seite her fest und gleichmäßig (in sich mittig) um einen Schaschlikspieß oder eine Stricknadel. Falls dir das nicht ganz gelingt, kannst du ihn am Ende zurechtschieben, indem du ihn vorsichtig etwas lockerst und danach wieder festziehst.

4. Bestreiche die letzten 5 cm des Streifens mit Kleber und wickel ihn bis zur Spitze auf. Nachdem der Klebstoff getrocknet ist, ziehst du die Perle behutsam von dem Schaschlikspieß oder der Stricknadel herunter.

5. Wenn du eine Kette oder ein Armband machen möchtest, brauchst du natürlich noch mehr Perlen. *Du kannst auch kleine Holz-, Glas- oder Plastikperlen zwischen deine Papierperlen fädeln (s. Foto).*

Tipp:

Achtung – Perlen aus Papier sind relativ empfindlich. Wenn du sie mit Klarlack* bestreichst oder besprühst, sind sie haltbarer.

Bastel Papierperlen in verschiedenen Größen. Je länger der Streifen ist, desto dicker die Perle, je schmaler der Streifen, desto zierlicher wird sie.

Du brauchst:
- buntes Papier*
- Cutter
- Schaschlikspieß oder Stricknadel
- Klebestift

*Tonpapier, Geschenkpapier, Zeitschriften, Gold- oder Silberpapier, Landkarten …

Schmuckspange

Findest du deine Haare manchmal blöd? Für eine schöne Spange ist in jeder Frisur Platz. Mach dir einen ganz persönlichen Haarschmuck, der gut zu deiner Haar- und Augenfarbe passt!

1. Lege die Vorlage (z.B. einen kleinen Teller) auf den Stoff, zeichne sie mit einem Filzstift nach und schneide den Kreis aus. *Wenn dein Stoff an den Kanten zum Ausfransen neigt, kannst du sie mit etwas flüssigem Kleber versiegeln.*

2. Nähe in ca. 0,5cm Abstand vom Rand mit einem einfachen Heftstich einmal im Kreis herum.

3. Ziehe den Faden an beiden Enden zusammen, sodass eine Art Säckchen entsteht.

4. Wenn du das Säckchen platt drückst, nimmt es die Rosettenform an. Verknote dann den Faden und schneide ihn ab.

5. Zupfe die Rosette zurecht und verdecke die Öffnung, die nach dem Zuziehen bleibt, mit Knöpfen, Filzstückchen oder Ähnlichem, die du aufnähst oder -klebst.

6. Dekoriere deine Rosette mit Perlen, Spitze usw. so, dass sie gut zu dir passt.

7. Tupfe etwas Sekundenkleber auf den breiten Teil der Haarspange und klebe die Rosette mittig darauf.

Tipp:

Die Stoffrosette wird auch als Basis für die *Freizeitorden* (S. 72) verwendet.

Glossar

Ahle: Ein spitz zulaufender Metallstift mit einem Griff, ähnlich dem eines Schraubendrehers. Die Ahle kann dir beim Löcherstechen behilflich sein und wird oft bei der Bearbeitung von Leder verwendet. Bei besonders harten Materialien schlägst du mit dem Hammer oben auf den Griff. Wenn du keine Ahle hast, reicht meist auch ein großer Nagel.

Bastelsehne: Ist eine dünne, reißfeste und durchsichtige Schnur, die dir vielleicht auch als Angelsehne oder Drachenschnur bekannt ist.

Cutter: Ein sehr scharfes Universalmesser, das in verschiedenen Größen erhältlich ist. Das sogenannte Teppichmesser kommt bei gröberen Arbeiten zum Einsatz. Für Bastelarbeiten eignet sich eher eine kleine, feinere Variante. Du kannst auch ein Skalpell oder ein spezielles Bastelmesser nehmen. Für gerade Schnitte eignet sich ein Lineal aus Metall, und generell solltest du eine Schneidematte (s. Foto S. 91) als Unterlage verwenden. ACHTUNG: Die Klinge des Cutters ist sehr scharf bzw. sollte es sein. Pass auf, dass du dich nicht verletzt!

Falzbein: Es wird aus Knochen, Holz, Kunststoff, Edelstahl oder Teflon angefertigt, hat eine abgerundete Spitze und dient dir dazu, eine Rille ins Papier oder in Karton zu ziehen, um es oder ihn einfacher und sauberer knicken zu können. Wenn du kein Falzbein besitzt, kannst du auch mit dem Rücken eines Besteckmessers arbeiten.

Haftvlies, doppelseitig: Als Haftvlies wird die Zwischenschicht bezeichnet, die du beim Aufbügeln einer Applikation zwischen den Stoff und die Applikation legst. Beim Erhitzen durch das Bügeleisen beginnt die Haftvlies-Beschichtung zu kleben, und zwar auf beiden Seiten.

Handbohrer: Ein Handbohrer ist dir vielleicht noch aus der Kastanien-Männchen-Bastelzeit bekannt – ein am Ende gewundenes und spitz zulaufendes Metall, das mit einem schlaufenförmigen Griff versehen ist. Damit kannst du Löcher in nicht allzu harte Gegenstände bohren.

Heißklebepistole: Eine Heißklebepistole, auch Klebepistole, erhitzt den Klebstoff und bringt ihn zum Schmelzen, sodass er sich besser in Rillen und auf kleinen Klebeflächen verarbeiten lässt. Sobald er wieder abkühlt, verhärtet er sich. ACHTUNG: Die Schmelztemperatur des Klebstoffs ist sehr hoch! Sei vorsichtig im Umgang mit der Klebepistole, um Verbrennungen zu vermeiden.

Klarlack: Ein transparenter Lack, der die Oberflächen deiner Lieblingsstücke vor Einflüssen von außen schützen soll. ACHTUNG: Lacke dünsten aus, sorg für ausreichend Frischluft im Raum!

Kreppklebeband: Das oftmals beige Klebeband, wird auch Malerkrepp genannt, kennst du. Du kennst es sicher vom Abkleben der Türleisten und Lichtschalter bei Malerarbeiten. Es eignet sich aber generell gut fürs Abkleben und kurzzeitige Fixieren, da es sich meist rückstandsfrei wieder entfernen lässt.

Lackfarbe/Sprühlack: Lackfarbe zeichnet sich vor allem durch ihre (Wetter-)Beständigkeit und ihre glatte Oberfläche aus. Sie hält im Gegensatz zu anderen Farben auch auf sehr glatten Untergründen und schmiegt sich gut an. Du solltest sie in mehreren dünnen Schichten auftragen, den Raum gut belüften und immer auch alle Herstellerhinweise beachten. ACHTUNG: Lackflecken lassen sich nicht mehr auswaschen! Geh behutsam mit der Farbe um bzw. trag alte Kleidung. Lackfarbe kannst du im Topf oder in der Sprühdose kaufen.

Laminieren: Mittels kaltem oder heißem Klebstoff werden Papier, Pappe, Fotos o.Ä. von beiden Seiten mit durchsichtiger Folie umgeben, also wasserdicht eingeschweißt. Die Geräte dafür, sogenannte Laminiergeräte, gibt es häufig in Kindergärten, Schulen oder Copyshops.

Linolschnittgarnitur: Eine Linolschnitt-garnitur (s. Foto S. 91) besteht in der Regel aus (fünf) verschiedenen Schnitz-Aufsätzen aus Metall und einem (Holz-)Griff. Sie helfen dabei, Linoleum oder andere weichere Kunststoffe in verschiedenen Winkeln aus einer Platte herauszuschnitzen.

Lochzange: Lochzangen funktionieren wie kleine Stanzmaschinen, die du allerdings mit der Hand bedienst. Wenn du die beiden Griffe zusammendrückst, wird mithilfe eines Metallstifts ein Loch in Papier oder Stoff gestanzt.

Nahtband: Auch als Kantenband bezeichnet, soll es dir dabei helfen, Stoffränder einzufassen und den Saum zu verarbeiten. Es ist in vielen verschiedenen Farben erhältlich und lässt sich zum Basteln herrlich zweckentfremden.

Öse und Ösenzange: In diesem Fall ein kleiner Ring aus Metall, den du als Verstärkung des Rands in ein Loch einsetzt. Mit der Ösenzan-ge drückst du die Öse wie bei einer Niete in das Loch. In der Kurzwarenabteilung bekommst du oft schon ein passendes Werkzeug zur Anbrin-gung der Öse mitgeliefert; dann brauchst du natürlich keine Ösenzange mehr.

Ringschraube: Eine Schraube, an der oben ein Ring befestigt ist, sodass du deine Lieblings-stücke damit befestigen bzw. aufhängen kannst.

Rollschneider: Eine Art kleiner, scharfer „Pizzaschneider", mit dem vor allem Textilien gut zerteilt werden können, ohne dass die Schnitt-kanten sofort ausfransen. Auch ihn solltest du in Kombination mit der Schneidematte verwenden. Wenn du so ein Werkzeug nicht besitzt oder keine Erfahrung damit hast, reichen grundsätzlich auch Schere oder Cutter vollkommen aus.

Schrägband: Ein schräg geschnittenes Band, das nicht ausfranst und verwendet wird, um Stoffkanten (mit der Nähmaschine) einzufassen. Schrägbänder gibt es in verschiedenen Farben und Materialien zu kaufen.

Seitenschneider: Eine spezielle Zange, die dir beim Schneiden von weichen und harten Drähten dienen kann. Sie wird auch oft zum Trennen von Kabeln verwendet.

Sprühlack: Siehe unter „Lackfarbe"

Versandtaschenklammer: Auch Rundkopf-, Musterbeutel- oder Briefkopfklam-mer genannt, kommt sie beim Verschließen von Versandtaschen, also großen Briefen, zum Einsatz. Sie besteht aus einem breiten Kopfstück und zwei Metallstäben, die du durch die passgenauen Löcher steckst und auseinanderbiegst, um damit die Versandtasche zu verschließen.

Zackenschere: Ihre Schneidekanten sind so konzipiert, dass sie einen Zickzack-Rand in Pa-piere oder Stoffe schneidet. Dies führt dazu, dass dein Stoff an der Schnittkante weniger ausfranst.

Zweikomponentenkleber: Er wird auch 2K-Kleber genannt und besteht aus zwei verschiedenen Zutaten oder Komponenten, die erst durch die Vermischung (direkt vor der Verarbeitung) miteinander reagieren. Diese chemische Reaktion bewirkt dann das Aushärten des Klebstoffs.

Vita

Trixi Schneefuß, 1977 in Lüneburg geboren, wuchs im niedersächsischen Bad Bevensen auf. Schon als Kind malte und bastelte sie leidenschaftlich gern. Später studierte sie Illustration an der Hochschule für Angewandte Wissenschaften in Hamburg. Sie ist Mitglied des erfolgreichen Autoren- und Illustratorenteams der „Krickelkrakels", das aus einer Projektgruppe der HAW in Hamburg hervorgegangen ist und mit ganz besonderen Mal- und Mitmachbüchern Kleine wie Große zum Gestalten anregt. Als freiberufliche Illustratorin mit Sitz in Hafennähe der Hansestadt arbeitet Trixi Schneefuß für verschiedene Verlage und andere Auftraggeber. Dass sie auch als Erwachsene noch leidenschaftlich gern und beeindruckend virtuos malt, bastelt und kreiert, zeigt sie uns mit „Lauter Lieblingsstücke".

Bildquellen:

Schaukästchen (S. 27):
http://commons.wikimedia.org/wiki/File:Pisanello_-_Codex_Vallardi_2424.jpg

Bastelbogen 7 Schachtelkissen (S. 74f. und 141f.):
http://commons.wikimedia.org/wiki/File:Basella_japonica-BUR_Fl_Indica_131-Tab_39.png

Bastelbogen 8 Knopfkragen zum Wenden (S. 121 und 143f.):
http://commons.wikimedia.org/wiki/File:Cossus_Cossus.png
http://commons.wikimedia.org/wiki/File:Porthesia_similis.png
http://commons.wikimedia.org/wiki/File:Ocneria_Dispar_male.png
http://commons.wikimedia.org/wiki/File:Psilura_Monacha.png

http://commons.wikimedia.org/wiki/File:Coccinella.quinquepunctata.jacobs24.jpg
http://commons.wikimedia.org/wiki/File:Aphidecta.obliterata.jacobs24.jpg

Pappteller-Rahmen (S. 105):
http://commons.wikimedia.org/wiki/File:Offterdinger_Schneewitchen_%282%29.jpg
http://commons.wikimedia.org/wiki/File:Offterdinger_Rotkappchen_%281%29.jpg
http://commons.wikimedia.org/wiki/File:Offterdinger_Das_Tapfere_Schneiderlein_%282%29.jpg
http://commons.wikimedia.org/wiki/File:Hansel_und_Gretel_%282%29.jpg
http://commons.wikimedia.org/wiki/File:Bruderchen_und_Schwesterchen_%281%29.jpg
http://commons.wikimedia.org/wiki/File:Offterdinger_Der_gestiefelte_Kater_%282%29.jpg

Bastelbogen 3

Bastelbogen 4

Bastelbogen 6

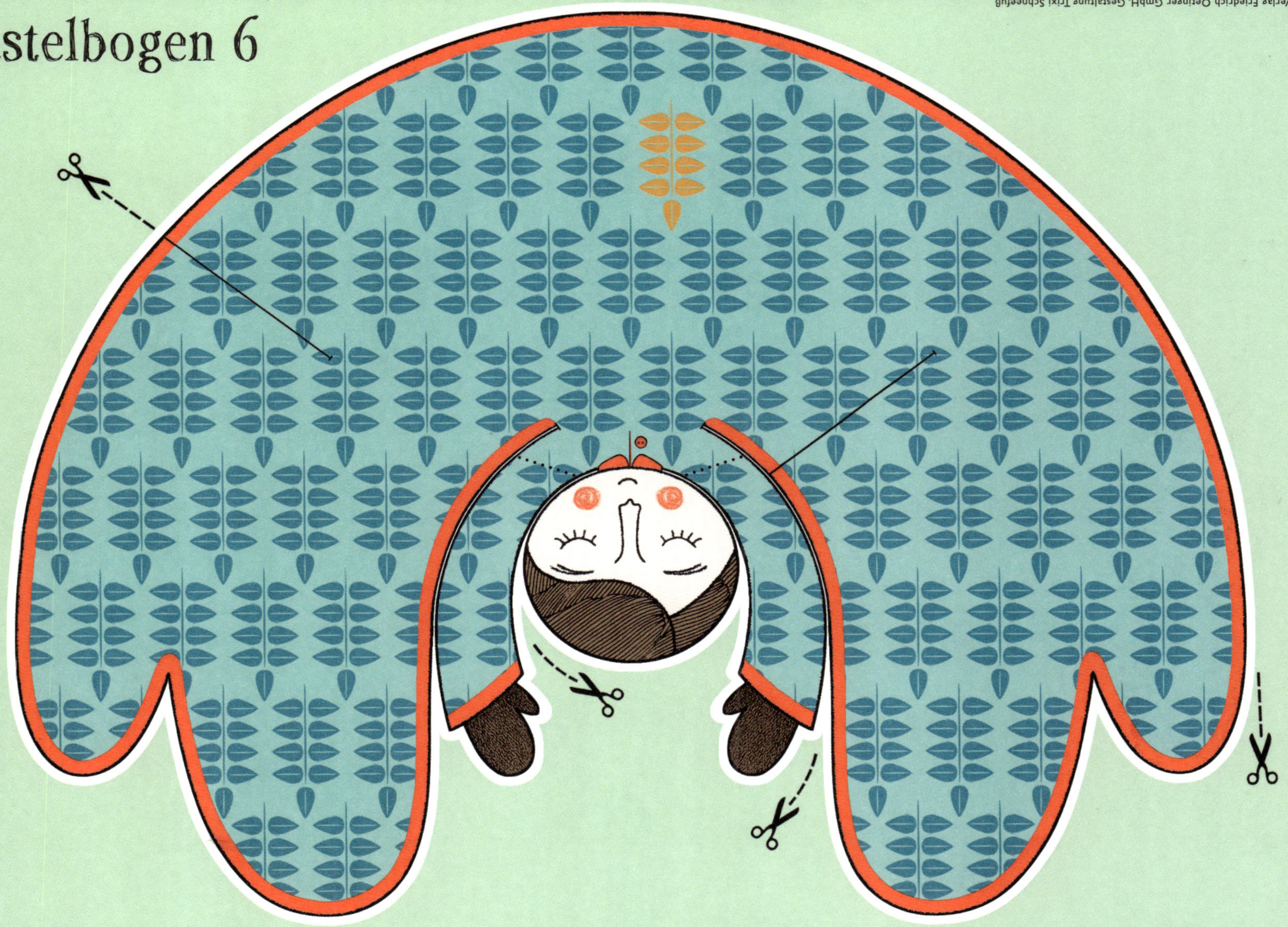

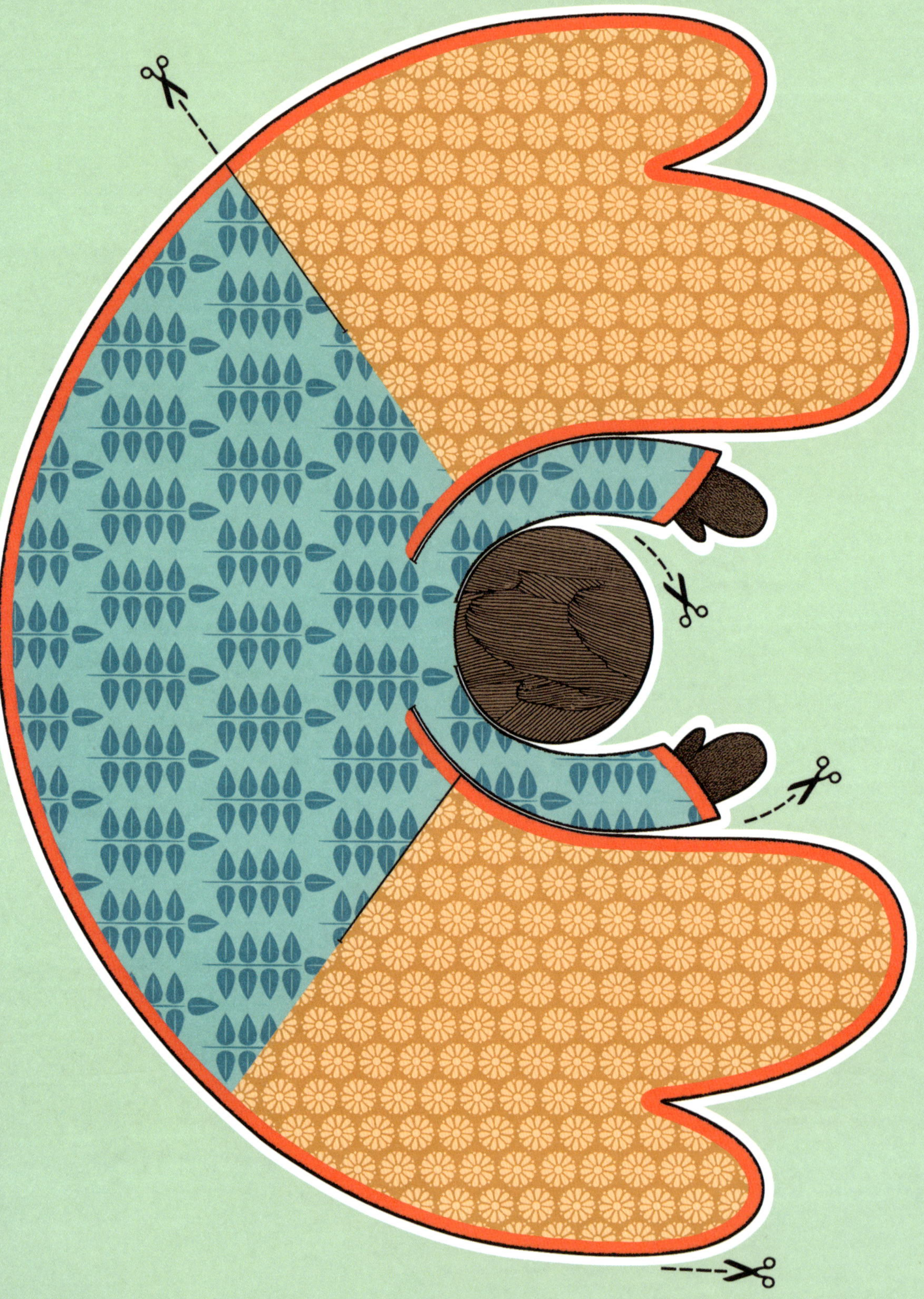

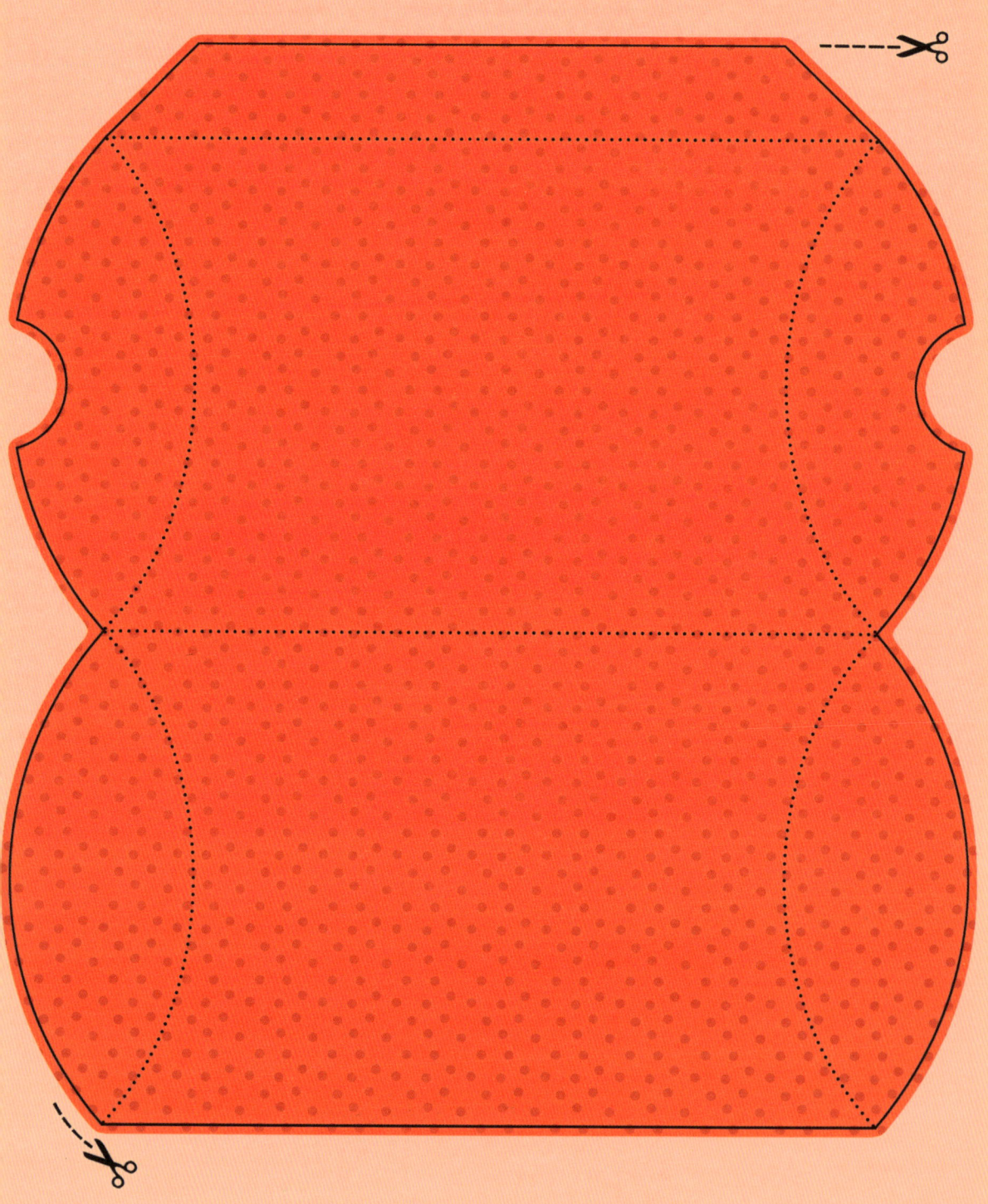

Bastelbogen 8